Das Original-

Hütten-Kochbuch

Bergrezepte und alpine Lebensart

STEFAN WINTER
GEORG HOHENESTER

blv

Inhalt

Über dieses Buch

588 Hütten betreiben die Sektionen des Deutschen, des Oesterreichischen und des Südtiroler Alpenvereins in den Ostalpen. Egal ob rustikaler Bergsteiger-Stützpunkt, top modern saniertes Berghaus oder beliebtes Wander- und Ausflugsziel: Jede Hütte bietet die Gelegenheit für einen eindrucksvollen Aufenthalt abseits der gewohnten Erfahrungen.

Tourismusrelevante »Bergheimat«

Die Alpenvereinshütten sind gleichzeitig unverzichtbare Bausteine der alpinen Infrastruktur, ohne die ein erfolgreicher Bergtourismus nicht funktionieren würde, und ein Stück alpine Heimat für die Alpenvereine. Von Bergsteigern für Bergsteiger gebaut in Zeiten von Hanfseil und Leinenrucksack, werden sie bis heute ehrenamtlich erhalten. Rund 18 Millionen Euro stecken die Alpenvereine jährlich in ihre Häuser – der größte Teil davon fließt in die umweltgerechte Hüttenver- und -entsorgung –, und sie investieren pro Jahr mehrere hunderttausend ehrenamtliche Arbeitsstunden für den Erhalt der Hütten.

Viele Häuser können auf deutlich mehr als hundert Jahre ereignisreicher Geschichte mit vielen spannenden Anekdoten zurückblicken. Damals, ab den 1860er-Jahren, rückten die Alpen immer stärker ins öffentliche Interesse. Besonders das aufstrebende Bürgertum organisierte sich in den noch jungen Alpenvereinen und entdeckte im Gebirge eine ideale Spielwiese für die Selbstbe(s)tätigung. Das Bergsteigen als Ausgleich zum städtischen Leben, die Erforschung der hochalpinen Regionen und die Verbesserung der Lebensgrundlagen der einheimischen Bevölkerung waren Ziele, für die der Alpenverein antrat. Mit viel Enthusiasmus gingen seine Sektionen daran, Wege anzulegen und Berghütten zu bauen.

Heute haben sich die Berghütten längst zum eigenständigen Ziel entwickelt. Begeisterte Hüttenwanderer brechen im Sommer wie im Winter auf, Jung und Alt nutzen die gut gepflegten Zustiege, um einen entspannten Tag oder ein gemütliches Wochenende mit einer urigen Übernachtung verbringen zu können – auf der Berghütte, die für viele die Chance zur Entschleunigung bietet, was in einer immer hektischer werdenden Alltagswelt zunehmend geschätzt wird.

Hütten-Gastronomie und mehr

Am Berg prägen die Hüttenwirtsleute das Ambiente der Hütte. Meist saisonweise, bei Ganzjahreshütten auch rund ums Jahr, leben sie hoch oben mit einem breiten, praxisorientierten Betätigungsfeld. Insbesondere was die Logistik und die Versorgung angeht, stehen die Hüttenwirte oft vor besonderen Herausforderungen. Da der Übernachtungsbeitrag direkt der hüttenbesitzenden Sektion zugutekommt und in die Hütte reinvestiert wird, lebt der Hüttenwirt von der Gastronomie.

Auf allen Alpenvereinshütten sollte von 12 bis 20 Uhr zumindest eine warme Mahlzeit angeboten werden, darunter ein günstiges »Bergsteigeressen«; ein alkoholfreies Getränk sollte mindestens 40 Prozent billiger sein als Bier in gleicher Menge; das Frühstück und Teewasser sollten abgestimmt auf die lokale bergsteigerische Notwendigkeit zu erhalten sein: Diese Regelungen machen heute noch Sinn auf hochalpinen Hütten. Ansonsten sind die Hüttenwirte relativ frei in der Gestaltung ihres gastronomischen Angebots. Je nach Küchenräumlichkeiten und -technik und der Versorgungslage – viele Berghütten haben eine Materialseilbahn, andere können nur über teure Hubschrauberflüge beliefert werden – gibt es unterschiedliche Angebote, von der kleinen Auswahl einfacher Gerichte bis hin zu einer breiteren Palette kulinarischer Spezialitäten.

Viele Hüttenwirte legen heute großen Wert auf eine hochwertige Küche, verschaffen sich und ihrer Hütte damit einen guten Ruf – und ihren Gästen ein genussvolles Erlebnis. Ein Grund für diese erfreuliche Entwicklung ist wohl auch das kleine Signet mit der Kuh, das für die Initiative der Alpenvereine »So schmecken die Berge« steht. Die daraus resultierende »moderne« Hüttenküche steht im Mittelpunkt des vorliegenden Buches. Wir wünschen viel Spaß beim Schmökern, Ausprobieren auf der Hütte – und beim Nachkochen!

Georg Hohenester, Stefan Winter

»So schmecken die Berge!«

»Die Heimat mit allen Sinnen erlebbar machen« – diesem Motto haben sich mittlerweile über einhundert Alpenvereinshütten in Bayern, Österreich und Südtirol verschrieben. Ihre Hüttenwirte nehmen an der Initiative »So schmecken die Berge« teil und zaubern mit viel Liebe und Sorgfalt in ihren alpinen Küchen feine regionale Spezialitäten auf den Tisch.

Echt gut, echt für die Bergregion

1999 vom Deutschen Alpenverein für Berghütten im Chiemgau ins Leben gerufen, dann auf den gesamten bayerischen Alpenraum erweitert und 2008 auch auf die Hütten des Oesterreichischen und Südtiroler Alpenvereins ausgedehnt, verfolgt die Initiative das Ziel, eine naturverträgliche und nachhaltige Berglandwirtschaft zu unterstützen. Denn nur so kann die einzigartige Natur- und Kulturlandschaft unserer Bergwelt erhalten werden, die gleichermaßen Lebensgrundlage für Bauern und Älpler ist, aber auch bedeutender Erholungsraum für die einheimische Bevölkerung und für Besucher und Touristen.

Mindestens drei hochwertige Schmankerl auf Basis regionaler Erzeugnisse finden sich auf den Speisekarten der an der Initiative teilnehmenden Berghütten; oft werden diese mit lokal erzeugten beziehungsweise in der Region veredelten Getränken und selbst gemachten Mehlspeisen, hergestellt nach traditionellen Rezepten, abgerundet.

Regionale Produkte in extrem exponierten Lagen mitten in den Bergen anzubieten, ist eine wirkliche logistische Herausforderung. Die Gastgeber auf den Alpenvereinshütten sind davon überzeugt, dass ein ökologisch motiviertes Wirtschaften, auch unter schwierigsten Bedingungen, möglich ist. Bezogen werden die regionalen Produkte vorzugsweise direkt von Bergbauernbetrieben. Gibt es keinen direkten Ab-Hof-Verkauf, können die Erzeugnisse bei lokalen landwirtschaftlichen Zusammenschlüssen und Verarbeitungsbetrieben wie Sennereien oder Bäckereien eingekauft werden. Das gewährleistet höchste Qualität in Kombination mit kurzen Transportwegen – in Zeiten des Klimawandels ein Gebot der Stunde.

Oben: »So schmecken die Berge« – das Schild mit der Kuh steht für die Initiative der Alpenvereine und schmückt die teilnehmenden Berghütten, die ihren Gästen regionale Gerichte bieten.

Gesunden Mehrwert schaffen

Neben dem guten Gefühl zu wissen, was man isst und wo die Produkte herkommen, bieten die alpin-regionalen Gerichte ein intensives Geschmackserlebnis und noch weit mehr: Sie fördern das Bewusstsein um den kulturellen und wirtschaftlichen Wert der Region und den schonenden Umgang mit Ressourcen und Energie.

»So schmecken die Berge«-Hütten

Im gesamten Ostalpenraum unterstützen aktuell (Stand 2013) 102 Hütten die nachhaltige Initiative. Auf 23 Alpenvereinshütten in Deutschland, 72 in Österreich und sieben in Italien verwöhnen Sie die Hüttenwirte gerne mit ihren ganz speziellen Schmankerln aus ihrer Region.

Besuchen Sie uns und probieren Sie aus, wie die Berge schmecken! Eine Übersichtskarte finden Sie unter www.alpenverein.de/Huetten-Wege-Touren/.

Lust auf mehr?!

Kaiserschmarrn, Knödel-Tris oder doch lieber einen Rehbraten? Eine feine Rezeptselektion zum Nachkochen in Ihrer eigenen Küche finden Sie auf den nächsten Seiten. Wir wünschen Ihnen gutes Gelingen und guten Appetit!

Andrea Bichler, im DAV zuständig für das Hüttenmarketing und die Initiative »So schmecken die Berge«

Gabi (*1968) und
Martin Braxmair (*1969)

Wer den Sperrbachtobel geschafft hat, ist geschafft und hat's geschafft! Den weiten Zustieg zur Kemptner Hütte. Kaum zu glauben, dass nach diesem einem Höllenschlund gleichen tiefen Taleinschnitt flache und heimelige Allgäuer Bergwiesen folgen. In diesen hat die Kemptner Hütte ihren Platz gefunden, ebenso wie die Hüttenwirte Gabi und Martin Braxmair, die in unnachahmlicher Art und Weise die Traditionsunterkunft liebevoll und professionell betreiben. Rinderbraten nach Hüttenart und Ofenschlupfer als Nachspeise seien dem hungrigen Gast besonders an Herz gelegt. Mit ihrem Geschmack am Gaumen sind Hunger und Auge mehr als befriedigt. So kann der Rückweg ins Tal oder der Weiterweg in Richtung Heilbronner Weg gestärkt in Angriff genommen werden.

Die Kemptner Hütte (1.844 m), DAV-Sektion Allgäu-Kempten

Adresse Gabi und Martin Braxmair; Kemptner Hütte am Heilbronner Weg; D-87561 Oberstdorf-Spielmannsau; Hüttenhotline: +49 (0)8322/700152; kontakt@kemptner-huette.de; www.kemptner-huette.de

Öffnungszeiten Mitte Juni bis Mitte Oktober

Aufstieg Oberstdorf – Spielmannsau – Sperrbachtobel

Gehzeit/Höhenmeter 4 Std., 1.030 Hm

Anfahrt öffentlich DB bis Oberstdorf, Bus bis Renksteg oder Taxi bis Spielmannsau (+49 (0)8322/3015); Bergsteigerbus von Oberstdorf nach Spielmannsau

Ausgangspunkt Parkplatz Renksteg oder Gasthof Spielmannsau

Karte Alpenvereinskarte Allgäuer/Lechtaler Alpen AV 2/1, 1:25.000

Touren Heilbronner Weg/Rappenseehütte (2.091 m, 6 Std.), Waltenberger Haus (2.084 m, 3,5 Std.), Hermann-von-Barth-Hütte (2.131 m, 4 Std.), Prinz-Luitpold-Haus (1.846 m, 9 Std.)

Hüttenruhe

Die Wanderung zur Kemptner Hütte ist keine Halbtagestour. Man muss sich Zeit nehmen und auf eine sehr abgelegene Gegend einlassen. Allein schon die Annäherung von Norden ins Naturschutzgebiet der »Allgäuer Hochalpen« hat einen ganz besonderen Charme. Alle südlich von Oberstdorf gelegenen Täler sind großteils für den Kraftfahrzeugverkehr gesperrt. Das verleiht den Tallagen eine himmlische Ruhe und urnatürliche Ausstrahlung. Man bekommt schnell ein Gefühl dafür, dass dies die südlichsten Ausläufer der Republik sind, jenseits der Berge ein anderes Land liegt, jedoch Grenzen, Tanktourismus oder kitschige Souvenirstände, wie man sie von Passstraßen her kennt, hier nicht anzutreffen sein werden. Es scheint, als seien die Sorgen und Nöte hier noch weiter weg als auf den Bergen der Allgäuer Voralpen. Gute Voraussetzungen für eine erlebnisreiche Hüttenwanderung!

Oben: Die Kemptner Hütte ist Ausgangspunkt für berühmte Gipfel wie zum Beispiel den Großen Krottenkopf (2.657 m), den höchsten Berg der Allgäuer Alpen.

Hüttengeschichten

Der Kemptener Bergsteiger Anton Hengeler entwarf in den 1880er-Jahren den Plan eines großen Allgäuer Höhenwegs vom Biberkopf im Süden bis zum Iseler im Norden, der heute als Heilbronner Weg weitläufig bekannt ist. Er sollte auch über die Obere Mädelealpe führen. Der Gedanke, hier eine Alpenvereinshütte zu bauen, wurde schon während der 1870er-Jahre laut, jedoch erst konkret, als die Sektion Allgäu-Kempten 1888 den Weg durch den engen Sperrbachtobel schuf. Dann konnte man daran gehen, ein Schutzhaus zu bauen und so die weite Lücke zwischen Waltenberger Haus und Rappenseehütte im Westen und dem Prinz-Luitpold-Haus im Osten zu schließen. 1891 konnte die Hütte eingeweiht werden.

Hüttengesichter

Erst 1969 konnte eine Materialbahn gebaut werden, und die Mulis gingen in Rente. Mit der Seilbahn war auch die Voraussetzung für die längst fällige Erweiterung und Sanierung geschaffen, mit der die Kemptner Hütte 1971 ihre heutige Gestalt und Größe bekam. Ab 1973 waren Ernst und Elvi Wagner aus Durach bei Kempten als Hüttenwirte am Werk. Beim Hüttentest des DAV schnitt das Haus besonders gut ab. Im Juli 2001 fand auf der Kemptner Hütte ein Pächterwechsel statt. Nach einer Pachtzeit von 29 Jahren ging die Bewirtschaftung von Elvi und Ernst Wagner auf deren Tochter Gabi über. Die neue Pächterin betreut nun unter tatkräftiger Mithilfe von Ehemann Martin Braxmair die Gäste bestens. Sie ist gelernte Arzthelferin und Hauswirtschafterin, er ist von Beruf Maurer und leidenschaftlicher Sportler.

Oben: Beim Hüttenzustieg ergeben sich schöne Ausblicke auf den gegenüber liegenden Bergkamm des Himmelschrofen.

Hüttengedichte und Hüttengerichte

Für jeden Gast a' kleine Bitte
Mir hond kuin Stern – sind bloß a' Hütte
Drumm nütz des Uifacha do hob aus –
D' Luxus hosch dahuim im Haus.

Mit diesem Spruch auf der Speisenkarte wird einem nett in Erinnerung gebracht, dass man im Gebirge ist. Klar also, dass es hier nicht eine so große Auswahl an Speisen geben kann wie im Tal. Aber dafür wird jeder satt und bekommt auf Wunsch einen Nachschlag! Das ist amtlich in der Speisenkarte von Gabi verbrieft: »Wir werden Sie nicht hungrig ins Tal laufen lassen.« Schließlich ist die Kemptner Hütte eine richtige Bergsteigerunterkunft, von der große Ziele angegangen werden, die Kraft kosten. Bei 15.000 Übernachtungen pro Jahr muss die Küche also Großes leisten. Die Hauptverantwortung liegt bei Gabi, die alle Gerichte auswendig im Kopf hat und ohne Rezeptbuch kocht. »Es kommt so viel rein, bis es schmeckt!«, ist ihr Credo. Ebenso wie ihr Selbstverständnis, die Lebensmittel überwiegend aus der Region Oberstdorf zu beziehen und selbstbewusst und eigenwillig die Speisenkarte zu gestalten. So gibt es beispielsweise keinen Kaiserschmarrn wie in Österreich, sondern die Eigenkreation »Ofenschlupfer« – ein Semmelschmarrn mit Rosinen, Äpfeln, Vanillesoße und Sahne.

Oben: Mit etwas Glück lassen sich in den Felsen oberhalb der Hütte auch echte Steinböcke beobachten. Der Sperrbachtobel ist die Schlüsselstelle auf dem langen Hüttenzustieg.

»Zum Wäscha gibt's nur Wasser kalt –
Im Tal kriagsch des Warma wieder – bald
Au beim Duscha isches rar …
Es kommt vom Dach über's Solar
Wenn's Wetter streikt, so isches halt –
Dann bleibt dia Dusche au mol kalt!«

Dass der Käse von heimischen Sennereien kommt, ist im Allgäu nicht ungewöhnlich. Und dass der Allgäuer Bergkäse einer der besten seiner Art ist, ja sogar das Label »Geschützte Ursprungsbezeichnung« trägt, auch.

Für die Eintragung eines Produktes mit »geschützter Ursprungsbezeichnung« ist es Voraussetzung, dass seine Güte beziehungsweise Eigenschaften in erheblichem Maße oder ausschließlich durch das geografische Gebiet, aus dem es stammt, bestimmt werden.

Eher selten wiederum ist, dass es keinen Cappuccino auf der Hütte gibt. »Wir sind in Bayern und da gibt es feinen Filterkaffee im Haferl.« Gabi bleibt sich und ihrer Linie treu und offeriert anstelle von Tiroler Gröstl lieber den Allgäuer Bauernschmaus (geräucherter Schweinehals, Kassler und Rostbratwürste aus der Pfanne). Liebhaber der schwäbischen Küche bestellen die

Oben: Die leckeren Kuchen auf der Hütte stammen alle aus den Händen von Gabi Braxmair und nicht aus der Konserve. Man sieht es und man schmeckt es!

Allgäuer Maultaschen mit Käsesahnesoße. Das Preis-Leistungs-Verhältnis stimmt auf der Hütte, und das ist Gabi und Martin wichtig. Schließlich kommen viele Einheimische auch öfter pro Saison zum Essen nach oben, zum Beispiel anlässlich der traditionellen Wallfahrt von Oberstdorf nach Holzgau und umgekehrt. An solchen Tagen steht die kräftige Wallfahrtssuppe auf der Tageskarte – eine stärkende Hüttensuppe mit Geheimrezept. Da fällt oft das altdeutsche Sprichwort: »Schon an der Suppe erkennt man die Hausfrau.« Und für solche Feiertage werden auch nur die allerbesten selbst gemachten Kuchen frisch aufgefahren: Nuss-Schoko-Kuchen mit Kirschen oder Apfel-Rahm-Kuchen. Wem das zu wenig ist, der kommt am Rinderbraten nach Hüttenart mit Spätzle, Blaukraut und Preiselbeeren – der großen Hüttenspezialität – nicht vorbei. Rindfleisch aus heimischer Zucht, selbst gemachte Spätzle und frischer Rotkohl schmecken nirgends so gut wie auf fast 2.000 Metern Höhe bei Gabi und Martin Braxmair. »Der Begriff ‚Spätzle' (schwäbisch) oder ‚Spatzn' (bayerisch) kann sich übrigens nicht nur von ‚Sperling' ableiten, sondern auch von ‚Batzen' oder vom Italienischen ‚Spezzato' (in Stücke geschnitten)«, erklärt Gabi die klassische Gastfrage. Den Kindern wird es egal sein. Die bekommen auf der Kemptner Hütte eine kindergerechte Portion Spätzle mit Soße zum fairen Preis. Satt wird also jeder und verbringt am besten (während der Woche) eine Nacht in dem freundlichen Haus.

»Weil halt so viel Gäschd duut wandra –
Sot ma schlofa au mit Andra.
Dia Luxuszimmer sind ganz mager –
Aus Tradition nimmsch halt a Lager.«

Süßer Ofenschlupfer

8 alte Semmeln * 1 Tasse Milch * 1 Becher Schmand * 5 Eier * 120 g Zucker * 1 Prise Zimt * 1 Vanilleschote * 2 Äpfel * 3 EL Zitronensaft * 1 Handvoll Rosinen

1 Die Semmeln in dünne Scheiben schneiden. Milch, Schmand, Eier, Zucker, Zimt und Vanille gut miteinander verrühren. Die Semmeln darin aufweichen.

2 Äpfel entkernen und schälen, in kleine Stücke schneiden und kurz mit Zitronensaft andünsten. Die Semmelmasse mit den Äpfeln mischen und zu Knödeln drehen. Aus den Knödeln flache Taler formen und in Butter ausbraten.

3 Zuletzt alles mit Zimt und Zucker bestreuen und mit Vanillesoße und Sahne servieren.

Rinderbraten nach Hüttenart

2 kg mageres Rindfleisch * Pfeffer * 1 l Rinderbrühe * 3 Zwiebeln * 6 Lorbeerblätter * 1 Handvoll Wachholderbeeren * 1 Tasse Essig * 1 Flasche Glühwein * 2 Elisenlebkuchen ohne Oblate und Zuckerguss * Lebkuchengewürz * Zucker * 2 EL Gewürzketchup * evtl. etwas Speisestärke

1 Das Rindfleisch mit Pfeffer einreiben und in einem großen Topf fest von allen Seiten anbraten. Mit ca. 1 Liter Rinderbrühe ablöschen.

2 Die Zwiebeln schälen und vierteln. Lorbeerblätter, Wacholderbeeren, Essig, Glühwein und Zwiebeln zum Fleisch geben und ca. 1 ½ Stunden kochen.

3 Die Flüssigkeit durch ein Sieb in einen anderen Topf gießen. Lebkuchen zerkleinern, unterrühren und mixen. Die Soße mit Lebkuchengewürz, Zucker, Gewürzketchup, Glühwein und Essig abschmecken. Das Rindfleisch in Scheiben schneiden und in der Soße gut durchziehen lassen.

4 Den Rinderbraten mit Spätzle, Blaukraut und Preiselbeeren servieren.

Gabi Braxmairs Tipp Die Zubereitung eines Schmorbraten ist nur ab einer Größe von ca. 1.000 g sinnvoll. Kleinere Fleischstücke würden beim Braten zu leicht austrocknen.

Christoph Erd (*1978) und Familie

Zentral in der etwa 24 Kilometer langen Nagelfluhkette gelegen, steht das Staufner Haus nur gute zehn Gehminuten unterhalb der Bergstation der Hochgratbahn. Die nahe Seilbahnstation macht die über 100 Jahre alte Berghütte zu einem idealen Ausflugsziel auch mit kleineren Kindern oder für ältere Semester, die gemütlich mit der nostalgischen Seilbahn in die Höhe gondeln können. Seit Ulrike und Christoph Erd das urige Staufner Haus übernommen haben, ist der Hüttenwirt auch der Küchenchef. Der gelernte Koch steht aus Überzeugung zu einer abwechslungsreichen Küche auf möglichst regionaler Basis – und zur frischen Zubereitung der Gerichte. »Hausgemacht heißt bei uns, im Staufner Haus gemacht'«, betont der junge Wirt. Und die Gäste schätzen die Qualität der Hüttenschmankerl.

Das Staufner Haus (1.634 m), DAV-Sektion Oberstaufen-Lindenberg

Adresse Christoph Erd; Lanzenbach 5; D-87534 Oberstaufen; Tel.: +49 (0)8386/8255; Fax: 08386/991121; staufner-haus@t-online.de; www.staufner-haus.de

Öffnungszeiten Erster Mai bis Ende Oktober durchgehend, im Winter Weihnachten bis März Donnerstag bis Sonntag, Weihnachts- und Faschingsferien durchgehend

Aufstieg Talstation Hochgratbahn – Unt. Lauchalpe – Ob. Lauchalpe – Staufner Haus

Gehzeit/Höhenmeter 2 Std., 778 Hm

Anfahrt öffentlich DB bis Oberstaufen, Busverbindung über Steibis zur Talstation Hochgratbahn

Ausgangspunkt Oberstaufen/Steibis, Talstation Hochgratbahn

Karte Alpenvereinskarte BY 1, Allgäuer Voralpen-West/Nagelfluhkette/Hörnergruppe, 1:25.000

Touren Hochgrat (1.834 m, 45 Min.), über Brunnenauscharte zur Talstation (856 m, 2,5 Std.), über Seelekopf (1.663 m), Hohefluhalpkopf (1.636 m), Eineguntkopf (1.639 m), Falkenhütte (1.439 m) zur Talstation (856 m, gesamt 3,5 Std.)

Hütten-Juwel im Nagelfluh

Dank der vergleichsweise niedrigen Höhe bis maximal knapp über 1.800 Meter kann man in der Nagelfluhkette oft schon im zeitigen Frühjahr und bis in den späten Herbst hinein wandern und dabei auf den Allgäuer Hauptkamm schauen, während sich im Norden das Vorland mit seiner Hügellandschaft ausbreitet – ein reizvoller Gegensatz. Im Frühsommer setzen üppig blühende Bergwiesen und in der gesamten Saison bestechend schöne Sonnenuntergänge über dem Bodensee weitere Glanzlichter, die hinauflocken in den Nagelfluh oder »Herrgottsbeton«. So nennt man im Allgäu das hier vorherrschende Konglomeratgestein mit den eingeschlossenen Flusskieseln. Vor Urzeiten buken diese »Nagelköpfe«, am Grund eines Urmeeres abgelagert, mit Sedimenten betonartig zusammen und wuchsen mit der Zeit empor.

2008 entstand zwischen Oberstaufen und dem Vorderen Bregenzerwald auf 400 Quadratkilometer Fläche der »Naturpark Nagelfluhkette«. Das Staufner Haus liegt im Herzen des Schutzgebietes und behauptet sich als einziger Stützpunkt so hoch oben: Wer über die etwa ein Dutzend Gipfel und etwa 24 Kilometer vom Hochhäderich bei Hittisau im Bregenzerwald bis zum Mittag oberhalb von Immenstadt im Allgäu wandern möchte oder wer auf dem E4 beziehungsweise dem Maximiliansweg von Lindau nach Berchtesgaden oder dem E5 vom Bodensee zur Adria weitwandernd unterwegs ist, der kommt unwillkürlich am Staufner Haus vorbei.

Oben: Auf der gemütlichen Terrasse des Staufner Hauses sitzt man mit freiem Blick über das Allgäuer Alpenvorland mit seinen Hügeln und Wäldern.

Diese Sonderstellung der Allgäuer Hütte unterstreicht das junge Hüttenwirtspaar Ulrike und Christoph Erd auch für den gastronomischen Bereich. Seit 2005 leben die gebürtigen Allgäuer mit ihren drei Kindern den Großteil des Jahres auf dem Staufner Haus – auch im Winter ist von Donnerstag bis Sonntag geöffnet. Zuvor war Christoph als gelernter Koch »auf Wanderschaft«, unter anderem auf einer Sennalpe, um dort die Käseherstellung kennenzulernen. Nach der Ausbildung zum Zimmermann – »ich wollte noch etwas anderes ausprobieren«, sagt er lapidar, rückte die Familienplanung mit Ulrike in den Vordergrund. Der Schwiegervater brachte die beiden auf den Gedanken, sich um eine Hütte zu bewerben. So kamen sie auf das Staufner Haus, das sie mit viel Engagement und Begeisterung bewirtschaften.

Stolz können die Erds auf ihr für eine Berghütte umfangreiches kulinarisches Angebot sein. Das beginnt beim Frühstücksbüfett mit hausgemachtem Birchermüsli und reicht über abwechslungsreiche Brotzeiten bis zu wechselnden Tagesgerichten und saisonalen Spezialitäten wie

Oben: Die Berge um das Staufner Haus bestehen aus Nagelfluh. Sie tritt oft in gestuften Bändern an die Oberfläche, sodass man das Konglomerat aus Sediment und Flusskiesel gut betrachten kann.

Suppen oder Wild. Hüttenschmankerl wie die Bündner Gerstensuppe oder die Allgäuer Kässpatzen stehen auf der Karte, und am Wochenende brutzelt der Schweinsbraten im gusseisernen Backofen, den Christoph vor der Hütte installiert hat. Der Braten ist so beliebt, dass man rechtzeitig eine Portion reservieren sollte, um nicht nur die resche Kruste kosten zu können.

Im Allgäu verwurzelt

Christoph Erd stammt aus einem kleinen Bauernhof in Nesselwang, den sein Vater Peter als Pionier der Bioland-Bewegung bewirtschaftet. So bekam Christoph das Bewusstsein für die Region quasi in die Wiege gelegt: »Wir haben immer geschaut, wo die Produkte herkommen und wie sie angebaut werden. Von daher war es für mich klar, bei der Initiative ›So schmecken die Berge‹ mitzumachen. Wir versuchen, möglichst viele Waren aus der Region Allgäu/Bodensee zu beziehen und die einzelnen Speisen selbst zuzubereiten. Hausgemacht steht bei uns nicht nur auf der Karte, weil es sich gut anhört!«, sagt er selbstbewusst.

Viele Gäste aus dem Bodenseekreis, aus Oberschwaben und aus dem Allgäu besuchen das Staufner Haus, weil es – als einzige Berghütte – auch ein Betrieb der »LandZunge« ist. Nach dem Motto »Futtern wie bei Muttern – wo die Region auf der Zunge vergeht« hat die 2001 im Landkreis Ravensburg ins Leben gerufene Aktion zum Ziel, »das Beste der Region auf den

Oben: Im vor der Hütte aufgebauten Backofen brät Hüttenwirt Christoph am Wochenende seinen Schweinebraten. Ehefrau Ulrike kümmert sich derweil um den Service.

Tisch zu bringen«. Über 80 Wirte zwischen Biberach, dem Bodensee und Oberstdorf setzen inzwischen auf den »Pakt für den guten Geschmack« und verarbeiten regionale Zutaten zu traditionellen Rezepten, die sie mal bodenständig, mal ganz zeitgemäß-modern interpretieren. Hinter der LandZunge stehen eine gemeinnützige Stiftung und ein starkes Netzwerk von Bauern, Produzenten, Lieferanten und Fachleuten, die sich mit frischen Produkten und perfektem Service dafür einsetzen, die Stärken und Eigenheiten der Region bekannt und begehrt zu machen. Die Lebensmittelhersteller beziehen ihre Rohstoffe von regionalen Erzeugern, die sie kennen, und verarbeiten ihre Waren nach hochqualitativen Kriterien.

Ein starkes Netzwerk

Wichtige Lieferanten des Staufner Hauses gehören zum LandZungen-Netzwerk, darunter der elterliche Hof von Christoph Erd, von dem ein Teil des Rindfleisches stammt. »Weitere Fleisch- und Wurstwaren holen wir vom ›Verein für regionale Vermarktung Oberallgäu‹ in Sonthofen, der nur Tiere von Mitgliedsbetrieben aus den umliegenden Dörfern verarbeitet«, erklärt Christoph. Mit Ausnahme der Wurstsalat-Wurst, die die LandZungen-Metzgerei Buchmann aus Grünkraut-Gullen herstellt, und dem ausgezeichneten Leberkäse von der Metzgerei Haslacher in Nesselwang. Auch das Gemüse stammt von einem LandZunge-Partner, von Früchte Jork in Isny, der seine Ware vom Bodensee bezieht, was kurze Wege garantiert.

Und wie sieht es mit den Getränken aus? Auch die haben ihren Ursprung in der Region. Die Biere braut die Meckatzer Löwenbräu – neben den süffigen Weißbieren in Hell oder Dunkel ist besonders das Meckatzer Weiss-Gold erwähnenswert. Diese Bierspezialität wurde 1905 als erste Allgäuer Biermarke beim Kaiserlichen Patentamt in Berlin eingetragen, wird bis heute nach überlieferter Rezeptur gebraut und ist keiner der üblichen Biersorten zuzurechnen. Dieses Bier, das es inzwischen auch alkoholfrei gibt, sollte man mit Muße genießen, während man entspannt auf der Terrasse des Staufner Hauses sitzt. Das gilt auch für eine weitere Getränkespezialität, die man bei Christoph Erd probieren kann: den fruchtig-belebenden Apfel-Kirsch-Most, den die Seemost-Kellerei in Meckenbeuren produziert.

Ebenfalls aus Obst produziert, aber von deutlich stärkerem Kaliber zeigen sich die Brände der Schnapsbrennerei Helmut Strodel in Oberreitnau – Verwandtschaft der Familie Erd. Die feinen Marillen- und Haselnussschnäpse dagegen brennt die Freihof Destillerie in Lustenau. Seit 1885 werden hier in Vorarlberg erlesene Fruchtbrände produziert.

Oben: Täglich frisch hausgemachtes Birchermüsli mit Cerealien, Milch und Obst gehört auf dem Staufner Haus zum Frühstücksbüffet.

Für welches Getränk man sich auch immer entscheiden mag: Zu allem passt hervorragend, was in Allgäus Bergen nie fehlen darf – ein rechter Bergkäse, der aus dem Bregenzerwald stammt. Christoph Erd serviert ihn als Käsebrot, auf dem Brotzeitbrett und in den Kässpatzen. Produziert wird der würzige Käse in Hittisau, wo die örtlichen Milchbauern 1977 eine genossenschaftliche Dorfsennerei gründeten.

»Käse schließt den Magen«, das wussten schon die alten Römer. Doch für einen exzellenten Kaffee ist immer Platz, zumal wenn er durch eine professionelle Kaffeemaschine läuft und die Bio-Bohnen in der Region geröstet wurden. Anfang des letzten Jahrhunderts wanderte der Allgäuer Andreas Bühler nach Brasilien aus und lernte dort das Kaffeerösten. 1931 kehrte er in die Heimat zurück, wo er in Oy-Mittelberg ein eigenes Geschäft gründete. Seitdem wird in der Kaffeerösterei Bühler sortenreiner Rohkaffee schonend in einem traditionellen Trommelröster verarbeitet, inzwischen in der dritten Generation. Das Produkt, ein vollmundiger, säurearmer und gut verträglicher Kaffee, lässt sich im Staufner Haus verkosten. Vielleicht in Form eines »Affogato«, einer Kugel Bauernhof-Vanilleeis, die mit einem heißen Espresso übergossen wird und darin quasi »ertrinkt«. Vielleicht kann sich dann auch Christoph Erd kurz zur Kaffeepause dazusetzen. Wenn das Gros der Tagesgäste gen Tal aufbricht und bevor er wieder in die Küche verschwindet, um das Abendessen für die Übernachtungsgäste zuzubereiten.

Saurer Käse nach Staufner Art

Für 2 Personen: 300 g gut reifer Limburger mit 40 % Fettgehalt (alternativ Romadur) * 1 frische mittelgroße Zwiebel * Salz * Pfeffer * Zucker * 8 EL Weinessig * neutrales Öl (z. B. Sonnenblumenöl) * ca. 100 ml Wasser

1 Den Limburger in einen halben Zentimeter dicke Scheiben schneiden, die Scheiben dachziegelförmig auf einem Suppenteller anrichten. Die Zwiebel in dünne Ringe schneiden und mittig über die Käsescheiben geben.

2 Für die Marinade Salz, Pfeffer, Zucker, Weinessig, Öl und Wasser vermengen. Die Marinade über den Käseteller gießen. Mit frischem Bauernbrot servieren.

Der Limbuger stammt ursprünglich aus Belgien. Heutzutage wird der Backsteinkäse oder Backsteiner vor allem im Allgäu hergestellt. Der geruchsstarke Käse hat einen Fettgehalt von 20 bis 60 % und eine rötlichschmierige Rinde. Das deftige, sehr würzige Aroma eines reifen Limburgers ist ebenso unverkennbar wie sein Käseduft, der mit dem Alter zunimmt. Erst dann ist er für einen richtigen Sauren Käse geeignet.

Tipp von Hüttenwirt Christoph Erd
Dazu passt ein frisch gezapftes Weizenbier

Deftiger Rehbraten

Für 6 Personen: 1,5 kg Reh (Keule oder Schulter) * Wildwürzmischung aus Salz, Pfeffer, Wacholderbeeren, Lorbeerblättern, Thymian, Senfmehl, süßem Paprika, Nelke, Piment * Butterschmalz * 2 Zwiebeln * 2 Knoblauchzehen * ¼ Sellerieknolle * 1–2 Karotten * 1 l Rotwein * 800 ml Wildfond, alternativ Brühe

1 Den Rehbraten ringsum gut mit der Wildwürzmischung einreiben. Das Butterschmalz in einem großen Bräter erhitzen und den Rehbraten darin von allen Seiten kräftig anbraten. Das in Würfel geschnittene Gemüse dazugeben, einige Minuten mit anbraten und Farbe annehmen lassen.

2 Mit dem Rotwein und dem Wildfond bzw. der Brühe aufgießen und in den Herd geben. Bei 170 Grad etwa 2 Stunden schmoren lassen (Angaben des Herdherstellers beachten). Den Rehbraten aus dem Bräter nehmen, mit Alufolie abdecken und etwas ruhen lassen. In der Zwischenzeit den Wild- oder Gemüsefond zu einer Soße passieren.

3 Braten in Scheiben schneiden, mit Soße, Spätzle oder Semmelknödeln, Blaukraut und Preiselbeeren servieren.

Christoph Erds Tipp Dazu passt ein trockener Rotwein, zum Beispiel ein Lagrein aus Südtirol oder ein Zweigelt aus der Wachau.

Peter Weihrer (*1963)

Das Rotwandhaus ist mit seinen 1.737 Metern Höhe eine der bekanntesten und eine der am meisten besuchten Hütten. Zwei Superlative müssen noch erwähnt sein: die schmackhafteste Hüttenküche und der humorvollste Hüttenwirt. Peter Weihrer aus Hopfgarten in Tirol ist für die beiden letztgenannten Eigenschaften verantwortlich. Sein verschmitztes Lachen und seine routinierte Kochkunst bleiben den Besuchern gewiss in Erinnerung. Und derer dürften es mittlerweile Millionen sein. Denn das Rotwandhaus ist eine der bayerischen Paradehütten. Umso schöner, dass sie nebst den Panoramablicken gen Süden dort auch Lebensmittel vom Bauernhof des Hüttenwirts im Brixental bekommen. Ganz nach dem Motto: »In Tirol gewachsen, in Bayern veredelt.«

Das Rotwandhaus (1.737 m), DAV-Sektion Turner-Alpenkränzchen

Adresse Peter Weihrer; Spitzingsee 3; D-83727 Spitzingsee; Tel.: +49 (0)8026/7683; www.rotwandhaus.de

Öffnungszeiten Ganzjährig

Aufstieg Lang: Spitzingsee/Kirche – Wurzhütte – Forststraße – Wildfeld Alm
Kurz: Taubenstein Bergstation – Lempersberg – Kirchstein

Gehzeit/Höhenmeter Von Spitzingsee/Kirche 2,5 Std., 650 Hm; von Taubenstein-Bergstation 1,5 Std., 150 Hm

Anfahrt öffentlich Bayerische Oberlandbahn bis Bahnhof Fischhausen/Neuhaus (801 m), von dort mit Bus zum Spitzingsee/Kirche

Ausgangspunkt Spitzingsee/Kirche oder Parkplatz Taubensteinbahn

Karte Alpenvereinskarte BY 15, Mangfallgebirge Mitte, 1:25.000

Touren Rotwand (1.884 m, 0,5 Std.), Taubensteinhaus (1.567 m, 1,5 Std.), Schönfeldhütte (1.410 m, 2,5 Std.), Pfanngraben – Blecksteinhaus (1.022 m, 2 Std.)

Hüttenwirt aus Überzeugung

Das Rotwandhaus steht selbstbewusst auf seinem Logenplatz, knapp unterhalb des Gipfels der Rotwand, und beherbergt rund ums Jahr Bergfreunde und Naturliebhaber. Das stattliche Unterkunftshaus der DAV-Sektion Turner Alpenkränzchen – kurz TAK – zählt zweifellos zu den beliebtesten Berghütten im Umkreis Münchens, und das schon seit über hundert Jahren. Das runde Jubiläum konnte 2007 gefeiert werden. Diese lange Tradition verpflichtet in zweierlei Hinsicht – die besitzende Sektion dazu, ihr Haus auf der Höhe der Zeit zu halten, und den Hüttenwirt, seinen Gästen beständig ein gutes kulinarisches Angebot zu offerieren. Um Letzteres kümmert sich seit 1994 Peter Weihrer. Der bewährte Hüttenwirt »mit dem Schalk im Nacken« ist gelernter Gastronom und Cheforganisator für Haus und Küche, die bei mehreren Tausend Übernachtungsgästen pro Jahr und vielen Tagesgästen ein enormes Arbeitspensum zu leisten hat. Mit seinem engagierten Team sorgt der gebürtige Tiroler für Gastfreundlichkeit auch bei hoher Auslastung – und für eine bemerkenswerte Qualität des gastronomischen Angebots.

Weihrers Küche orientiert sich an bayerischen und Tiroler Gerichten, tischt viele saisonale Spezialitäten auf und unterstützt seit Jahren die AV-Initiative »So schmecken die Berge«. Der Hüttenwirt achtet aus Überzeugung darauf, hochwertige regionale Produkte von verlässlichen Partnern zu verarbeiten und hat den Ehrgeiz, möglichst vieles selbst herzustellen. Das fängt beim Fleisch an, das vom eigenen, ökologisch geführten Bergbauernhof im Brixental in Tirol stammt, geht weiter mit selbst geräuchertem Speck, Suppen, Dressings und Natursoßen aus eigener Herstellung, schließt das selbst gebackene Brot, Strudel und Kuchen ein und hört beim generellen Verzicht auf Geschmacksverstärker in der Küche noch lange nicht auf. Nicht zuletzt ist Peter Weihrer auch Mitglied bei der AMA (Agrarmarkt Austria), die zuständig ist für Maßnahmen zur Qualitätssteigerung, Entwicklung und Anwendung von Qualitätsrichtlinien für agrarische Produkte und daraus hergestellte Erzeugnisse.

Oben: Marende ist in Tirol die Bezeichnung für die Zeit um drei bis vier Uhr nachmittags und auch für die Mahlzeit um diese Zeit, also etwas Brot, Speck und Käse.

Auch hieran kann man seine Herkunft erkennen. Von Kindesbeinen an ist er ein bäuerliches Leben, im Sommer am Urschlerhof im besagten Brixental, im Winter am Hoslerhof im Sölleikental in den Kitzbüheler Alpen, gewohnt. Anpacken, Tiere füttern und pflegen, den Jahreszeiten folgend ernten – das alles ist für ihn eine Selbstverständlichkeit. Und so fährt er auch heute noch regelmäßig nach Hause und sieht nach dem Rechten im Stall und Wohnhaus. Ideale Voraussetzungen also, um ehrliche Kost zu produzieren.

Oben: Rinderzunge ist eine Spezialität von Peter Weihrer. Käsekuchen oder Quarkkuchen (in manchen Gegenden umgangssprachlich Quarktorte, in Österreich Topfentorte) wird aus Quark oder einem anderen Frischkäse, Eiern, Milch und Zucker gebacken.

Lammschnitzel, Käsekuchen & Co

Ein paar Tipps fürs Gaumenerlebnis auf dem Rotwandhaus: der Linseneintopf als klassisches Bergsteigeressen. Die Südtiroler Hochzeitssuppe, Rinderzunge, Blut- und Leberwürste, Speck aus eigenem Räucherofen oder natürlich der Kaiserschmarrn. Der Käse kommt von einer Alm aus der Gegend, der Apfelsaft, natürlich naturtrüb, aus Bad Feilnbach. Obstler gibt es vom Nachbarn daheim, weitere Schnäpse vom Lantenhammer am Schliersee oder Kalmbacher am Achensee.

Die Spezialität des Hüttenwirts? Lammschnitzel. Paniert. Mit Dijonsenf. »Geht gut«, sagt Peter Weihrer grinsend, »nicht nur an Feiertagen.« Und weil Essen und Trinken zusammengehören, empfiehlt er dazu ein kühles Helles Export der Privatbrauerei Schweiger aus Markt Schwaben. Ein herrliches Bayerisches Bier mit dem Siegel »geschützte geografische Angabe«.

Für das Label »geschützte geografische Angabe« (g.g.A.) ist es Voraussetzung, dass sich eine bestimmte Qualität, das Ansehen eines Produkts oder eine andere seiner Eigenschaften durch das jeweilige geografische Gebiet ergibt. Bedingung ist daher, dass mindestens einer der folgenden Faktoren zutreffend ist: das Produkt wird in der begrenzten Region erzeugt, verarbeitet oder hergestellt.

Oben: Auf dem Weg zum Rotwandhaus kommt man einer Alm mit Viehtränke vorbei – ideal zum Erfrischen und Abkühlen bei Hitze!

Hüttensanierung

»Aus alt mach neu« (Generalsanierung) oder »gleich ganz neu« (Ersatzbau)? Diese Frage stellt sich bei vielen Berghütten, die 70, 80, 100 und mehr Jahre auf dem Buckel haben. Das galt auch für das Rotwandhaus, dessen Substanz trotz des regelmäßigen Aufwands marode geworden war. Die Sektion entschied sich fürs Sanieren und eine fast völlige Entkernung des Hauses. 2010 und 2011 war viele Monate lang Großbaustelle angesagt, und das Ergebnis kann sich mehr als sehen lassen: Es gibt jetzt einen Anbau, der Dachstuhl wurde neu eingedeckt, die Küche umgestaltet. Unglaublich, dass der Küchenbetrieb bei drei Umzügen hervorragend weiterlief! Das mit Rapsöl betriebene Blockheizkraftwerk ist mit Wärmerückgewinnung für Heizung und Warmwasser versehen und sorgt mit der Fotovoltaikanlage für die Energieversorgung im Inselbetrieb. Beim Innenausbau achteten die Bauherren besonders darauf, den Charakter ihres Refugiums zu erhalten. Der gemütliche Gastraum und die freundliche Veranda behielten ihr Gesicht, während die Zimmerlager hell, mit neuen Matratzen und abgeschliffenen Böden glänzen.

Viele Wege zur Hütte

Von allen vier Himmelsrichtungen gibt es Wege aufs Rotwandhaus. Der einfachste und schnellste führt vom Spitzingsee mit der Taubensteinbahn bis zur Bergstation und auf einem

Oben: Helle und saubere Zimmerlager mit weichen Decken laden zum Ausruhen, Buch lesen und natürlich zum Schlafen ein.

aussichtsreichen Höhenweg vorbei am Taubenstein und Lempersberg unterhalb der felsigen Ausläufer der Rotwand zum Haus. Zum Gipfelkreuz fehlt vom Rotwandhaus nur eine gute Viertelstunde, dann kann man das Panorama auf unzählige Gipfel genießen, deren Zuordnung eine beschriftete Aussichtsplatte erleichtert.

Die Berge um den Spitzingsee eignen sich übrigens ausgezeichnet für eine mehrtägige Rundwanderung von Hütte zu Hütte. Wer etwa auf der »Rotwand-Route« unterwegs ist, kann von der Albert-Link-Hütte (siehe Seite 50) oder vom Blecksteinhaus (siehe Seite 40) aus dem Tal der Roten Valepp über den wildromantischen Pfanngraben zur Kümpflalm und weiter zum Rotwandhaus aufsteigen – unterwegs locken klare Wassergumpen zur Rast. Am nächsten Tag folgt man dann der klassischen Rotwand-Reibn: von der Kümpflscharte hinab zur Großtiefentalalm und hinauf zum Miesingsattel mit Abstecher zum Hochmiesing-Gipfel, der praktisch genauso hoch ist wie die Rotwand, in Ermangelung eines klingenden Namens aber viel seltener besucht wird. Zurück am Miesingsattel setzt man den Aufstieg zum Taubensteinhaus fort. Die schindelverkleidete Hütte gehört der DAV-Sektion Bergbund und wurde 1936 erbaut. Auch sie ist fast rund ums Jahr geöffnet, dank der nahen Taubensteinbahn-Bergstation schnell erreicht, aber trotzdem etwas ab vom Schuss und deshalb eine geeignete Zwischenstation auf der Runde um die Rotwand, die man über mehrere Varianten – Aiplspitz, Tanzeck und Jägerkamp Richtung Spitzingsattel oder Schliersee – beenden kann.

Panierte Lammschnitzel

4 Lammrückenfilets à ca. 200 g * 250 g Kirschtomaten * 50 g Mehl * 2 Eier * 5 EL Milch * 100 g Semmelbrösel * 2 EL Kräuter der Provence * 3 Knoblauchzehen * Salz und Pfeffer aus der Mühle * 4 EL Olivenöl

1 Lammrückenfilets abbrausen, trocken tupfen und waagrecht halbieren. Jeweils 1 Filet in einen Gefrierbeutel geben und flach klopfen. Kirschtomaten waschen und trocken tupfen.

2 Mehl auf einen Teller oder in eine Panierstation geben. Eier und Milch verquirlen und dazugeben. Die Semmelbrösel, gemischt mit den Kräutern der Provence, hinzufügen. Schnitzel ringsum mit Knoblauch einreiben, mit Salz und Pfeffer würzen. Dann mit Mehl, Eiermilch und Bröseln panieren.

3 Olivenöl erhitzen, Schnitzel darin von einer Seite 5 Minuten anbraten, wenden und sofort die Kirschtomaten zugeben und alles weitere 5 Minuten anbraten. Dazu essen Bergsteiger gerne Rösti und einen knackigen bunten Salat.

Dem Hüttenwirt macht das Kochen und Bewirten sichtlich Spaß.

Die offene Küche erlaubt es, Peter Weihrer beim Kochen zuzusehen.

Hütten-Fitness-Pflanzerl

200 g fein geschroteter Grünkern * 1 Zwiebel * 1 Karotte * Kräuter nach Belieben * 100 g Bergkäse * 1 EL Olivenöl * 2 Eier * 2 EL Mehl * Salz * Pfeffer * Muskatnuss * Pflanzenöl zum Ausbacken

1 Den Grünkern mit der anderthalbfachen Menge Wasser aufkochen und etwa 20 Minuten bei kleiner Hitze quellen lassen. Vom Herd nehmen und etwas abkühlen lassen.

2 In der Zwischenzeit die Zwiebel schälen und fein schneiden. Die Karotte putzen, schälen und mit der Gemüsereibe fein reiben. Die Kräuter waschen, trocken schütteln und fein schneiden. Den Käse fein reiben. In einer Pfanne das Olivenöl erhitzen und die Zwiebeln darin kurz glasig braten.

3 Die Grünkernmasse mit Zwiebel, Karotte, Kräutern, Käse, Eiern und Mehl zu einem lockeren Teig vermengen. Mit Salz, Pfeffer und Muskatnuss abschmecken.

4 Das Pflanzenöl in einer Pfanne erhitzen. Mit feuchten Händen aus dem Grünkernteig handflächengroße Kugeln formen, in die Pfanne legen und mit einem Esslöffel flach drücken. Von beiden Seiten goldbraun backen.

Der Rotwand-Tipp Dazu passt ein frischer Fitness-Salat mit Essig-Öl-Dressing.

Kollol (*1966) und Carmen Majumdar (*1963)

Eng umgeben von dichtem Fichtenwald mutet das Blecksteinhaus im Spitzingseegebiet wie ein gut verstecktes Geheimnis an. Dieses zu lüften, lohnt sich nicht nur, um müden Wanderfüßen eine Pause zu gönnen. Die Abgeschiedenheit des alten Steinbaus sorgt für Ruhe und die freundliche Gelassenheit der Wirtsleute für Wohlfühlatmosphäre. Es fällt leicht, sich darauf einzulassen und entspannt die Speisenkarte zu studieren, die von kulinarischem Erfindergeist geprägt ist. Hausgemachte Würste, variantenreiche Pfannengerichte und der Bajuwarenhut stechen ins Auge. Wer weiterstöbert, wird an der umfangreichen Tee- und Kaffeeauswahl hängen bleiben. Wohl dem, der Zeit für eine Übernachtung hat und den Abend an der Hausbar mit dem Hausschnaps »Blecki« ausklingen lassen kann.

Das Blecksteinhaus (1.022 m), DAV-Sektion MTV-München

Adresse	Carmen und Kollol Majumdar; Bleckstein 1; D-83727 Spitzingsee; Tel.: +49 (0)8026/71204; info@blecksteinhaus.com; www.blecksteinhaus.com
Öffnungszeiten	Ganzjährig, Dienstag Ruhetag, 3 Wochen im Frühjahr und November geschlossen
Aufstieg	Kurz: Spitzingsee/Kirche – Wurzhütte – Teerstraße in die Valepp Lang: Fischhausen/Neuhaus – Bockerlbahnweg ins Josefstal – Spitzingsee/Kirche
Gehzeit/Höhenmeter	Von Spitzingsee/Kirche ¾ Std., –60 Hm Von Fischhausen/Neuhaus 3,5 Std., +330 Hm, –100 Hm
Anfahrt öffentlich	Bayerische Oberlandbahn bis Bahnhof Fischhausen/Neuhaus (801 m), von dort mit Bus
Ausgangspunkt	Spitzingsee/Kirche oder für den ganzen Bockerlbahnweg Bahnstation Fischhausen/Neuhaus
Karte	Alpenvereinskarte BY 15, Mangfallgebirge Mitte, 1:25.000
Touren	Rotwandhaus (1.731 m, 3 Std.), Albert-Link-Hütte (1.053 m, 0,5 Std.), Schönfeldhütte (1.410 m, 2 Std.), Taubensteinhaus (1.567 m, 2 Std.)

Bockerlbahn

Oben: Was die Bahnarbeiter noch nicht hatten, darüber können sich heute die Wanderer freuen – eine Unterkunft und ein Gasthaus mit Charme.

Wer hätte gedacht, dass das Blecksteinhaus seine Wurzeln Anfang des 20. Jahrhunderts im Waldbahnbau hatte! Ein starker Föhnsturm im Januar 1919 erzeugte in den Wäldern einen gigantischen Windwurf, der im Spitzingseegebiet für rund 280.000 Festmeter umgefallener Bäume sorgte. Zum Abtransport beschloss man den Bau einer kleinen Waldbahn von Neuhaus (801 m) am Südende des Schliersees bis zur Waitzingeralm (940 m) im hoch gelegenen Tal der Roten Valepp. Neben vielen Lagerplätzen, Gebäuden und Brücken aus Holz errichtete man beim heutigen Blecksteinhaus einen kleinen Lastenaufzug und ein Lagerhaus für eine der neun kleinen Lokomotiven. Nach zweieinhalb Jahren wurde der Grund samt Haus veräußert, und die Alpenvereinssektion MTV München erhielt den Zuschlag.

Wirtsleute mit Erfindergeist

Carmen und Kollol Majumdar haben den einfachsten Zugang zum Haus und passieren mit Fahrschein die Schranke am Spitzingsee. Schließlich bewirten sie nicht nur das Blecksteinhaus, sondern wohnen auch in ihm. Es war ein »Wink des Schicksals«, als sie im Jahr 2000 zufällig von der Pachtmöglichkeit des Hauses erfuhren und prompt eine Zusage erhielten. Der gebürtige »Giasinga« aus München und die Einzelhandelskauffrau aus Thüringen erlebten seitdem viele Sanierungen und Umbauten des ehrwürdigen Steinbaus und schafften es, dass das Blecksteinhaus auch bei Einheimischen einen hervorragenden Ruf genießt. Im Laufe der Jahre haben sich Carmen und Kollol ein Netzwerk aus hochwertigen Erzeugern und Lieferanten aus dem Bayerischen Oberland aufgebaut. Jedes Jahr versuchen sie noch eine Besonderheit »draufzusetzen«, sei es durch die Kreation einer neuen Wurstspezialität, den Aufbau einer umfangreichen Teekarte oder das eine oder andere innenarchitektonische Schmankerl. Aufmerksamen Besuchern wird zum Beispiel der Wolpertinger im Käfig einer Puppenbauerin der berühmten Augsburger Puppenkiste auffallen.

So schmeckt das Blecksteinhaus

Eine Spezialität des Hauses sind die Brat- und Hauswürste, die in enger Zusammenarbeit mit der Metzgerei Murr in Schliersee entwickelt wurden. Besonders empfehlenswert sind die seltenen Milchlamm- oder die schweinernen Bierbratwürste sowie die Gams- und Hirschbratwürste. Die Würste sind nur außerhalb der Schonzeit und bei Jagderfolg verfügbar. Die passende Beilage dazu ist natürlich Sauerkraut – und zwar hausgemacht.
Während des Sommers beziehen Carmen und Kollol frischen Almkäse von der Ackernalm, die nur wenige Kilometer entfernt auf der Südseite des Hinteren Sonnwendjochs (1.986 m) liegt

Oben: Teeliebhaber kommen auf ihre Kosten und werden nicht selten den Hüttenwirt selbst mit einer großen Tasse köstlichen Tees aus Indien antreffen.

und noch auf traditionelle Art und Weise produziert. Besonders lohnt es sich, den Heukäse zu kosten. Geschmack von aromatischem Heu findet sich auch in einer Fleischspezialität. Das selbst kreierte Heugeräucherte war für den Fleischerfachverband Bayern eine Sensation und erhielt dafür als Auszeichnung Gold.

Getränke auf hohem Niveau

Einen Preis hätte auch die Getränkeauswahl verdient. Natürlich gibt es alle klassischen Durstlöscher. Aber bereits vor Jahren war es Kollol zu »fad«, nur Apfelschorle anzubieten. In einer Zeit, in der es alle für verrückt hielten, führte er die Rhabarberschorle ein. Ein Renner bis heute. Grundlage dafür ist die Verwendung hochwertigen Rhabarbers aus Künzing an der Donau. Weniger Durstlöscher und mehr Gaumenfreude sind die erlesenen Alkoholika. Die zahlreichen Schnäpse und Liköre kommen von der Edeldestillerie Lantenhammer in Schliersee. Auf Wunsch von Kollol stellt Lantenhammer einen Hausschnaps auf Himbeer- und Zwetschgenbasis her. Der »Blecki« wird in typisch bayerischen Porzellan-Schnapspfeifen serviert, die ein vollmundiges Geschmackserlebnis garantieren.

Wer es weniger alkoholhaltig möchte, der findet in Kollol seinen Teemeister. Nicht zuletzt aufgrund seiner halbindischen Herkunft ist er überzeugter Teetrinker und offeriert seinen Gäs-

Oben: Frisch auf den Tisch: Buttermilch und Marmelade zum Frühstück, Fruchtschorlen der Saison am Nachmittag.

ten mehr als ein Dutzend Teesorten vom Nurbong, Assam, Gabalong bis hin zum Green North Tukvar. Besonders geschmackvoll sind auch die Kaffees der prämierten Rösterei Dinzler in Rosenheim. Um deren Qualität voll zur Geltung zu bringen, investierten die Wirtsleute extra in eine Kaffeemaschine der italienischen Edelmarke Dalla Corte. Jede einzelne Tasse wird aus frisch gemahlenen Bohnen serviert.

Gesellig um den Bajuwarenhut

Ein Höhepunkt am Blecksteinhaus kann ein Abend mit Freunden rund um den Bajuwarenhut sein. Ähnlich wie beim Fondue- oder Raclette-Essen zelebriert man in aller Ruhe ein stattliches Festessen mit Fleisch, Gemüse, Suppe und vielen leckeren Zutaten. Der eiserne Bajuwarenhut wird mitten auf den Tisch gestellt. Die Zutaten Fleisch, Gemüse, Bouillon, Soßen und Kartoffeln sind um ihn herum aufgebaut. Unter dem Hut glüht das Feuer der Brennpasten. Die aufgebogene Saftrinne an der Hutkrempe wird circa zur Hälfte mit Bouillon und danach mit rohem Gemüse gefüllt. Jedes der Fleischstücke wird an kleinen Spießen aufgehängt. Durch die Hitze am Hut wird das Fleisch beidseitig gegrillt. Während des Bratvorgangs rinnt der Saft des Fleisches in die Saftrinne, in der inzwischen das Gemüse gar kocht. Stück um Stück wird das Fleisch nach Lust und Laune gegrillt, geschmort oder in der Bouillon gekocht und anschließend mit Soßen und Beilagen genossen.

Blaubeerkuchen

700 g Blaubeeren * 1 großes oder 2 kleine Eier * 125 g Zucker * 150 g Butter * ½ TL Natron * 225 g Mehl

1 Aus Eiern, Zucker, der weichen Butter und dem Natron einen Teig rühren. Zuletzt das Mehl einarbeiten.

2 Den Teig auf ein gefettetes Backblech geben. Die Blaubeeren darauf verteilen und mit Zucker bestreuen.

3 Bei 180 Grad ca. 20 bis 30 Minuten backen. Mit Puderzucker bestreut und mit Schlagsahne servieren.

Spargel-Käse-Schmarrn

500 g Spargel * 100 g Bergkäse (wer es milder mag, nimmt 50 g Bergkäse und 50 g Emmentaler) * 4 Eier * 60 ml Milch * 70 g Sahne * 80 g Mehl * Salz, Pfeffer * Butter * Öl * Petersilie

1 Den Spargel schälen und in reichlich Salzwasser nicht zu weich kochen. Inzwischen die Eier schaumig schlagen. Nach und nach Milch, Sahne, Mehl und Käse unterrühren. Den Teig mit Salz und Pfeffer abschmecken und mindestens 15 Minuten ruhen lassen.

2 Den gekochten Spargel in gleichmäßig große Stücke schneiden. Etwa 50 g Butter und 1 EL Öl in einer großen, schweren Pfanne heiß werden lassen. Die Hälfte des Teigs dazugeben und die Hälfte der Spargelstücke darüber streuen. Bei mittlerer Hitze auf der Unterseite braun backen.

3 Den Schmarrn in vier Stücke teilen, wenden, bräunen und in mundgerechte Stücke zerzupfen. Mit gehackter Petersilie bestreuen und servieren. Die andere Hälfte des Teigs und der Spargelstücke genauso zubereiten.

Kräuterspätzle mit Pfifferlingen

Frische Kräuter der Saison * 400 g frische Pfifferlinge * 6 Eier * 40 ml spritziges Mineralwasser * Salz * 400 g Mehl * 2 Zwiebeln * Butter * Pfeffer * Petersilie

1 Aus den Eiern, dem Mineralwasser, 1 TL Salz und dem Mehl einen Spätzleteig rühren. So lange bearbeiten, bis der Teig Blasen wirft. 1 Stunde stehen lassen.

2 Die Mischung aus frischen Kräutern der Saison unter den Teig heben.

3 Reichlich Salzwasser zum Kochen bringen. Die Spätzle mit dem Spätzlehobel ins kochende Wasser schaben und so lange kochen, bis sie oben schwimmen.

4 Frische Pfifferlinge mit klein gehackten Zwiebeln in Butter braten. Mit Salz, Pfeffer und Petersilie würzen. Kräuterspätzle zugeben, kurz weiterbraten. Dazu schmeckt ein gemischter Salat.

Kollol Majumdars Tipp Legen Sie die Pfifferlinge in ein Wasserbad und geben Sie zwei Esslöffel Mehl dazu. Das Mehl hat die Eigenschaft, dass es den Schmutz sofort bindet. Man muss danach nur noch die Pilze einmal kurz abwaschen und schon ist der ganze Schmutz verschwunden.

Uwe Gruber (*1962)

»Wissen, wo es herkommt und was drin ist!« Mit dieser »Gastrosophie« haben Uwe Gruber und Ute Werner im Jahr 2000 die Bewirtschaftung der **Albert-Link-Hütte** im Spitzingseegebiet übernommen. Schon bevor die regionale Direktvermarktung ihre Renaissance erfuhr, setzten sie auf traditionelle Gerichte und lokale Lieferanten. Um ihrer typisch bayerischen Speisenkarte noch das i-Tüpfelchen aufzusetzen, backen sie das **Holzofenbrot** selbst, räuchern Käse und Würste und verarbeiten Löwenzahn- und Holunderblüten von der Hüttenwiese eigenhändig zu Gelee. Mit Einfallsreichtum, Fleiß und Managerqualitäten haben die beiden emsigen Vogtländer so einen (alpin) touristisch bedeutsamen Standort geschaffen, der aus dem **Spitzingseegebiet** nicht mehr weg zu denken ist.

Die Albert-Link-Hütte (1.053 m), DAV-Sektion München

Adresse	Ute Werner und Uwe Gruber; Valepperstr. 8; D-83727 Spitzingsee; Tel.: +49 (0)8026/71264; info@albert-link-huette.de; www.albert-link-huette.de
Öffnungszeiten	Ganzjährig, April und Mitte November bis Mitte Dezember geschlossen; Montag Ruhetag (außer Feiertage)
Aufstieg	Kurz: Spitzingsee/Kirche – Wurzhütte – Teerstraße in die Valepp Lang: Fischhausen/Neuhaus – Bockerlbahnweg ins Josefstal – Spitzingsee/Kirche
Gehzeit/Höhenmeter	Von Spitzingsee/Kirche 0,5 Std., –60 Hm Von Fischhausen/Neuhaus 3,5 Std., +330 Hm, –100 Hm
Anfahrt öffentlich	Bayerische Oberlandbahn bis Bahnhof Fischhausen/Neuhaus (801 m); von dort Bus
Ausgangspunkt	Spitzingsee/Kirche oder für den ganzen Bockerlbahnweg Bahnstation Fischhausen/Neuhaus
Karte	Alpenvereinskarte BY 15, Mangfallgebirge Mitte, 1:25.000
Touren	Rotwandhaus (1.731 m, 3 Std.), Blecksteinhaus (1.022 m, 0,5 Std.)

Gastwirte und Direktvermarkter

Seit vielen Jahren arbeiten Uwe Gruber, der gelernte Bäcker- und Konditormeister, und Ute Werner, die erfahrene Restaurantfachfrau, überwiegend mit Direktvermarktern aus dem bayerischen Oberland zusammen. Jahr für Jahr haben sie ihre Beziehungen zu Land und Leuten ausgebaut, was man an der Qualität ihrer angebotenen Speisen erkennt. Beispielsweise stammt schussfrisches Wild zu Jagdzeiten aus eigener Jagd sowie aus dem Revier Spitzingsee. Die monatlich gut 4.000 Eier – viele davon für den beliebten Kaiserschmarrn – werden vom »Unser Land«-Bertenbauern in Dietramszell bezogen. Fleisch und Wurstwaren kommen von der Metzgerei Holnburger aus Miesbach sowie von anderen lokalen Herstellern, das Mehl von der Leitzachmühle und der feine Heukäse von der Obermooser Bio-Käserei am Irschenberg. Dieser ist ein runder, halbfester Schnittkäse aus naturbelassener Rohmilch mit 50 % Fett in der Trockenmasse, mit Bio-Kräutern verfeinert und in Bergheu gewälzt. An Spirituosen können feine Tropfen von der Schlierseer Edel-Destillerie Lantenhammer oder der Miesbacher Kräuterpädagogin Uta Raß genossen werden. Letztere bietet auch Kräuterwanderungen in den Wiesen rund um die Albert-Link-Hütte an.

Oben: Auch im Winter ist die Hütte viel besucht und lockt bei Sonne mit einer geräumten Terrasse zu einem Sonnenbad zur kalten Jahreszeit.

Familientour

Besonders Familien zählen auf der Hütte sommers wie winters zum Stammpublikum. Kein Wunder, denn sie finden ein tolles Spielfeld für einen Tagesausflug oder auch für ein ausgedehntes Hüttenwochenende vor, bei dem Groß und Klein auch kulinarisch auf ihre Kosten kommen Eine Familienrundwanderung zur Förderung des Appetits führt von der Albert-Link-Hütte erst in Richtung Valepp. Beim Abzweig Blecksteinhaus verlässt man die Teerstraße und geht für eine Visite bis zum Steinbau dieser ehrwürdigen Alpenvereinshütte der Sektion Männer-Turnverein-München weiter. Hier geht es zum zweiten Teil der kleinen Runde kurz wieder zurück und über die Forststraße bergauf, bis man an einer Geländekuppe wieder die Albert-Link-Hütte ins Blickfeld bekommt. Nun läuft man links an einer sehr schönen großen Wiesenfläche mit vielen Blumen vorbei und wandert zurück zur Hütte. Schön und praktisch ist es, dass man hier auch einen Kinderwagen problemlos mitschieben kann. Familien können sich für Mehrtagesaufenthalte auch im »Spitzinghaus«, einer Selbstversorgerhütte mit Teilbewirtschaftung einbuchen. Für Spitzingseefreunde sei auch ein Besuch auf der Schönfeldhütte empfohlen. Beide werden ebenfalls von Uwe, Ute und ihrem Team in professioneller und herzlicher Manier betrieben.

Oben: 30 Tonnen Brot werden jährlich von dieser kleinen Backstube ausgeliefert – mittlerweile bis nach München.

Ofenspezialitäten

Eine Spezialität, die weit über die Hüttengrenzen hinaus bekannt ist, sind die selbst gebackenen Brote von Uwe. Auf vielfachen Wunsch werden die krustigen Laibe sogar bis nach München zur Geschäftsstelle der Alpenvereinssektion München, zum Sport Schuster am Marienplatz und zu den Kletterhallen in Gilching und Thalkirchen zum Verkauf geliefert. Mittlerweile kommen pro Jahr 30 Tonnen selbst erzeugtes Brot zusammen. Mit rauchfrischem Butter- und Sennkäse, hauchdünn aufgeschnittenem Bauernspeck oder Wildschinken schmeckt es besonders gut. Das Sechskornbrot kommt mit der hausgemachten Wildsalami bestens zur Geltung.

Auch aus dem selbst gebauten Holzofen vor der Hütte und nicht aus dem Konvektomat kommt der Leberkäse. Beim Backen im Ofen verliert er mehr Wasser und bildet Röststoffe; somit kann sich der Geschmack besser entfalten, als dies in dem Elektrogerät der Fall wäre. »Das ist würdig und angemessen, denn ebenso wie Weißbier, Weißwürste, Obatzda und Kaiserschmarrn gehört Leberkäse zu original bayerischer Lebensart und verdient nur die beste Behandlung,« sagt Uwe Gruber. Aus Leberkäsbrät und altbayerischem Leberkäsbrät (ohne Leber und mit grober Einlage) stellt die Albert-Link-Hüttenküche die Laibe im »Reindl« selbst her. Die Hausspezialität ist zweifelsohne der altbayerische Zwiebelleberkäse im Bauernbrotmantel mit Bio-Sauerkraut.

Immer vorrätig sind die hauseigenen Produkte zum Einkauf.

Aus dem Ofen direkt auf den Tisch schmeckt's am besten.

Kaiserschmarrn à la Uwe

Seine Herkunft ist umstritten. Die einen sagen, er habe ursprünglich »Kaserschmarrn« geheißen, wie man ihn im »Kaser«, also in der Almhütte, auf einfachste Art zubereitet hat. Hier sind Anklänge an die älteste Breispeise der Menschheit zu finden, denn im Kaser heißt der Schmarrn heute noch »Muas« (Mus). Dieses »Muas«, auch Holzknechtschmarrn genannt, besteht nur aus Mehl, Wasser und Salz und wird mit viel Schmalz (ausgelassener Butter) zubereitet. Das viele Fett ist notwendig, damit die »Buam«, also die Senner, Jäger und Holzer, selbst »a Schmalz«, das heißt Kraft für ihre anstrengende Arbeit bekommen.

Die zweite Herkunftsableitung des Kaiserschmarrn stammt aus der Zeit der Ischler Sommeraufenthalte von Kaiser Franz Josef I. Er liebte den Schmarrn seit seiner Jugend- und Jägerzeit, und damals hat ihm eine österreichische »Mehlspeis-Künstlerin« einen zarten, eierreichen, goldgelb-butterigen Schmarrn mit viel Zucker und Weinbeeren vorgesetzt. Und seitdem heißt dieses gebackene Gedicht in ganz Süddeutschland und Österreich eben Kaiserschmarrn. Auf der Albert-Link-Hütte wird jeder Kaiserschmarrn in einer schweren Gusspfanne frisch ausgebacken. Typisch sind hier die extra großen und fein karamellisierten Stücke. Uwe's Tipp für seinen Holzerschmarrn: Teig in die Pfanne mit viel Schmalz eingießen, und, damit der Teig besonders schön luftig aufgeht, mit Deckel abdecken.

Bergsteiger-Knödel

250 g Knödelbrot * 125 ml Milch * 700 g frischer Spinat * 50 g Butter * 1 Knoblauchzehe * 1 Zwiebel, nicht zu klein * 4–5 Eier * Semmelwürfel oder -brösel * Salz * Pfeffer * Muskatnuss * 100 g zerlassene Butter zum Servieren * 200 g Berg- oder Sennkäse * frische Kräuter (nach Geschmack)

1 Die Milch erhitzen und über das Knödelbrot gießen. Den Spinat etwa 4–5 Minuten im Salzwasser kochen. Im Eiswasser abschrecken, gut ausdrücken, nicht zu klein schneiden. Die Zwiebel klein schneiden, in der Butter anschwitzen, die Knoblauchzehe dazu drücken. Den Spinat dazugeben, kurz dünsten und die Zwiebel-Spinat-Mischung auf das Knödelbrot geben und die Masse verkneten. Die Eier unterarbeiten, mit Salz, Pfeffer und Muskatnuss würzen. Die Knödelmasse 10 Minuten ruhen lassen.

Auf der Albert-Link-Hütte werden die Köstlichkeiten von Holundergelee bis Knödel mit Liebe selbst gemacht.

2 Die Knödel mit nassen Händen ausformen und in siedendem Salzwasser etwa 35 Minuten ziehen lassen. Das Wasser nicht kochen, sondern leicht simmern lassen. Sollten sich mit nassen Händen keine Knödel formen lassen (die Masse ist zu feucht), dann etwas Semmelbrösel oder Semmelwürfel unterziehen. Kein Weizenmehl, keine Stärke und keinen Gries verwenden. Die Knödel werden sonst nach dem Sieden zu »Gummibällen«.

3 Die Knödel mit der Schaumkelle aus dem Wasser nehmen, mit der zerlassenen Butter übergießen, den Käse über die Knödel reiben, Kräuter als Krönung des Ganzen über den Käse streuen.

Gamsragout

1 kg Gamsfleisch aus der Schulter * 100 ml Rapsöl * 4 cl Weinbrand * 2 EL Butterschmalz * Salz und Pfeffer * 3 mittelgroße Zwiebeln * ½ Knoblauchzehe * 2 Karotten * 200 g Sellerie * 1 EL Tomatenmark * 200 ml trockener Rotwein * 500 ml Gemüsebrühe * 1 EL Preiselbeergelee * je 6 Wacholderbeeren, Piment- und Pfefferkörner * 2 Lorbeerblätter * etwas Schale einer unbehandelten Orange * 2 EL Sahne

1 Die Schulter von Sehnen lösen und unter kaltem Wasser abwaschen, trocken tupfen und in ca. 3 cm große Würfel schneiden. Das Rapsöl und den Weinbrand unter das Fleisch mischen und das Ganze zum Marinieren kühl und abgedeckt ca. 12 Stunden stehen lassen.

2 Das Fleisch aus der Marinade nehmen und etwas trocken tupfen. Das Butterschmalz stark erhitzen und das marinierte Fleisch unter ständigem Wenden von allen Seiten gut anbraten. Das Ganze salzen und pfeffern.

3 Die Zwiebeln und den Knoblauch schälen und in Scheiben schneiden, Karotten und Sellerie putzen und in kleine Würfel schneiden, dazu geben und ebenfalls mit anbraten. Das Tomatenmark zugeben und kurz abrösten, mit Rotwein ablöschen. Gemüsebrühe aufgießen, bis die Fleischstücke gut bedeckt sind und alles zum Kochen bringen. Ca. 1 Stunde bei mittlerer Hitze schmoren, danach das Preiselbeergelee zugeben. Eventuell mit etwas Gemüsebrühe aufgießen.

4 Die Pfeffer- und Pimentkörner sowie die Wacholderbeeren zerstoßen, mit den Lorbeerblättern und der Orangenschale in einem Gewürzsack oder Teeei dem Ragout beifügen und das Ganze weitere 30 Minuten kurz unter dem Siedepunkt zu Ende schmoren.

5 Nach Ende der Garzeit Teeei oder Gewürzsack entfernen und evtl. mit Salz und Pfeffer nachwürzen, etwas Sahne zum Verfeinern zugeben. Zum Ragout Semmelknödel und Blaukraut servieren.

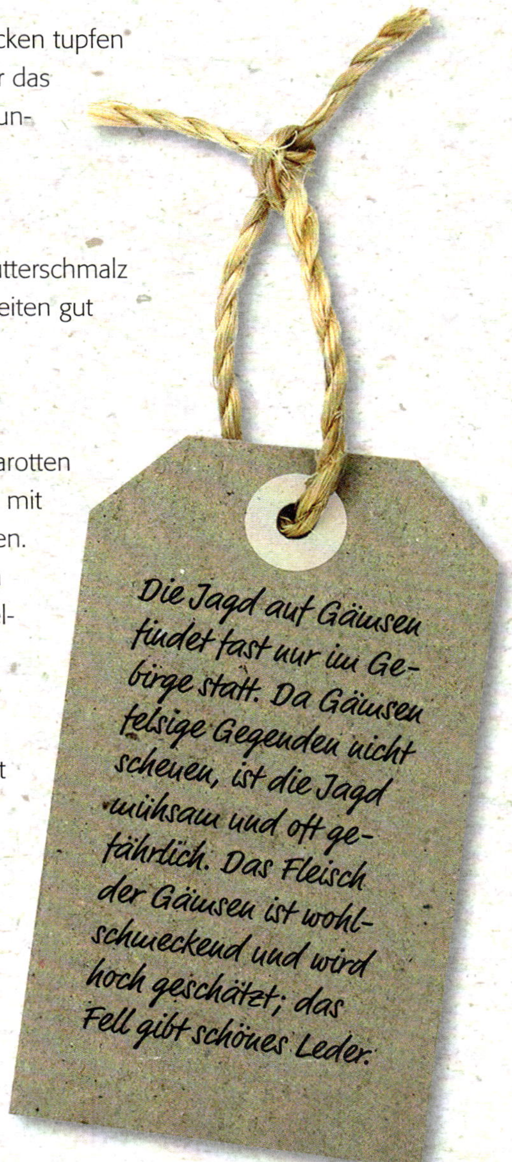

Hans-Peter Gallenberger
(*1958)

Die Brunnsteinhütte als westlichste Berghütte im Karwendelgebirge hat ihren aussichtsreichen Posten hoch über dem Isartal. Mehrere gepflegte Zustiegswege mit maximal zwei Stunden Gehzeit prädestinieren die gemütliche Hütte mit der schönen Sonnenterrasse zum beliebten Ausflugsziel. Wesentlichen Anteil an der Beliebtheit des Traditionshauses hat Hans-Peter Gallenberger, der die Brunnsteinhütte seit über 30 Jahren betreibt. Mit viel Engagement bietet er eine schmackhafte Küche auf vorwiegend regionaler Basis – seit 2003 macht er bei der AV-Initiative »So schmecken die Berge« mit. Hier oben wird frisch auf der Hütte zubereitet und stimmen Qualität, Herkunft und Preis, egal ob es sich um frische Bärlauchknödel handelt, um würzige Rehbratwürste oder um hausgemachte Kuchen.

Die Brunnsteinhütte (1.523 m), DAV-Sektion Mittenwald

Adresse	Hans-Peter Gallenberger; Schießstattweg 8; D-82481 Mittenwald; Tel.: +49 (0)8823/326951, +49 (0)172/8909613; brunnstein@t-online.de; www.brunnsteinhuette.de
Öffnungszeiten	Mai bis Oktober, im Winter an schönen Wochenenden
Aufstieg	Mittenwald – Leitersteig – Brunnsteinhütte
Gehzeit/Höhenmeter	2 Std., 610 Hm
Anfahrt öffentlich	DB bis Mittenwald
Ausgangspunkt	Mittenwald, Wanderparkplatz an der B 2
Karte	Alpenvereinskarte BY 10, Karwendelgebirge Nordwest, Soierngruppe, 1:25.000
Touren	Brunnsteinspitze (2.179 m, 1,5 – 2 Std.), Heinrich-Noé-Steig zur Bergstation Karwendelbahn (2.244 m, 2,5 – 3 Std.)

Hüttenensemble im Bergwald

Oben: Wandert man über den Leitersteig zur Brunnsteinhütte, überquert man auf dieser 2010 errichteten Hängebrücke die mächtige Sulzleklamm; vor der Hütte verlocken stabile Bänke und Tische zur Einkehr.

Die kürzesten Zustiege zur Brunnsteinhütte gehen von den kleinen Parkplätzen »Beim Gerber« oder »Am Gletscherschliff« vor Scharnitz an der B 2 ab. Wenn man sich etwas mehr Zeit nehmen kann, sollte man jedoch den Weg von Mittenwald über den Leitersteig wählen, der die schönere Variante ist. Vom Ausgangspunkt wandert man erst einmal Richtung Mittenwalder Hütte und zweigt bei der bezeichneten Weggabelung nach Süden auf den Leitersteig ab. In leichtem Auf und Ab führt dieser durch schönen Bergwald und gewährt immer wieder hinreißende Ausblicke auf das Wettersteingebirge und die Arnspitzen. Hat man die tiefe Reißn der »Lindlahn« gequert, wird man bald vor der 2010 vom Deutschen Alpenverein errichteten stabilen Hängebrücke stehen, auf der man bequem die mächtige Schlucht der Sulzleklamm überwindet. Bei der nächsten Wegkreuzung wendet man sich dann wieder bergan und wandert über einige Kehren durch den Wald zur Hütte hinauf.

Natürlich verlockt die schöne, nach Süden und Westen ausgerichtete Sonnenterrasse dazu, sich gleich niederzulassen, doch lohnt ein erster Überblick über das Refugium: den Spielplatz, die Hütte mit ihrem kleinen, heimeligen Gastraum, die 2012 angebauten Lager auf dem Weg zu den biologischen Außentoiletten, das gesamte, etwas verschachtelte Hüttenensemble, das den begrenzten Raum auf der Geländeterrasse im Bergwald optimal nutzt.

Erbaut wurde die Brunnsteinhütte 1935 als kleine Privathütte des Mittenwalder Bergführers Franz Heiss. Dessen Erben verkauften das Gebäude 1965 an die DAV-Sektion Mittenwald, die es als Schutzhütte weiterführte. Lange mit Haflingern und Maultieren versorgt, übernahm diese Aufgabe 1974 die neue Materialseilbahn. 1981 stand die Generalsanierung an, und nach Fertigstellung des Rohbaus 1982 übernahm der damals 23-jährige gelernte Zimmermann Hans-Peter Gallenberger die Hütte als Pächter. In den folgenden Jahrzehnten sorgte er mit der Sektion dafür, dass die Brunnsteinhütte Zug um Zug modernisiert wurde und heute als Vorzeigehütte dasteht, mit bislang 95-prozentiger autarker Energieversorgung mittels Solarstrom und einer modernen Kläranlage. Als Anerkennung für den umweltverträglichen Hüttenbetrieb erhielten Hütte, Sektion und Wirt schon 2001 das Umweltgütesiegel der Alpenvereine.

Unterhält man sich mit Hans-Peter Gallenberger, ist schnell zu spüren, mit wie viel Engagement der Hüttenwirt nach wie vor bei der Sache ist. Der gebürtige Mittenwalder sinniert

Oben: Klein und gemütlich: In der geschmackvoll eingerichteten Gaststube der Brunnsteinhütte ist man stets willkommen und fühlt sich gleich wohl.

immer wieder über Optimierungsmöglichkeiten und hofft derzeit darauf, ein neues Projekt umsetzen zu können: Weil die hauseigene Quelle bei längerer Trockenheit kaum mehr Wasser liefert, was die Bewirtschaftung fast unmöglich macht, könnte einer sprudelnden Quelle oben in der Sulzleklamm ein kleiner Teil Wasser entnommen werden. Von dort, 150 Höhenmeter über der Hütte, könnte das kostbare Nass über eine Leitung zur Hütte gelangen – und nebenbei eine kleine Turbine antreiben, sodass die Stromversorgung künftig vollständig unabhängig erfolgen könnte.

Bei allem Interesse für die Hüttentechnik ist Hans-Peter auch ein rühriger Wirt, der zusammen mit seiner zweiten Frau Barbara und dem Hüttenteam sehr um das Wohl seiner Gäste bemüht ist. Sein eigener fünfköpfiger Nachwuchs ist auf der Hütte aufgewachsen, sodass es nicht verwundert, dass Kinder auf der familienfreundlichen Hütte willkommen sind – die Kleinen können sich auf dem Spielplatz und im Sandkasten vergnügen oder mit den freilaufenden Hüttentieren Freundschaft schließen: »Zu unseren Hühnern, dem Esel Frederico und den beiden Zwergziegen Gretel und Moni haben wir in dieser Saison Zuwachs bekommen – Max und Moritz, zwei bretonische Zwergschafe, die kleinsten Schafe der Welt«, erzählt der Wirt. »Normal ziehen Schafe ja den Berg nauf, doch die beiden bleiben zum Glück um die Hütte.« Tatsächlich turnen die beiden schwarzen Winzlinge mit den Ziegen draußen herum und machen das Hüttenumfeld für Kinder noch spannender.

Oben: Aus der Region auf den Tisch: Hans-Peter Gallenberger bietet seinen Gästen auch frischen Salat zu den beliebten Hüttenklassikern, und das zu fairen Preisen.

Regionalität aus Überzeugung

Neben Familien und Bergsteigern, von denen die meisten nach der Begehung des leichten Klettersteigs am Mittenwalder Höhenweg beim Abstieg auf der Brunnsteinhütte einkehren, zieht die Brunnsteinhütte auch viele Stamm- und Tagesgäste an. Sie schätzen das gastronomische Angebot, um das sich Hans-Peter Gallenberger ebenfalls als »Überzeugungstäter« kümmert. Sein Speisen- und Getränkeangebot richtete er schon immer möglichst regional aus, und als die regionale Vermarktungskampagne des Alpenvereins in den 1990er-Jahren im Chiemgau mit sieben Hütten begann, setzte er sich gleich dafür ein, sie auszuweiten. Seit 2003 vertritt die Brunnsteinhütte das Siegel »So schmecken die Berge«. Inzwischen sind etwa 80 Prozent der verarbeiteten Lebensmittel regionalen Ursprungs, ein Qualitätsmerkmal der Hüttenküche, das sich durch die Speisekarte zieht. Hans-Peter Gallenberger nutzt als Basis für die Versorgung seiner Hütte die Logistik von Werdenfelser Land/Unser Land.

So stammt das Brot von der Brot & Feinbäckerei Fasl-Beck aus Mittenwald, die seit 1629 ihrem Handwerk nachgeht und sich damit als die älteste aktive Bäckerei im Werdenfelser Land bezeichnen kann. Die verwendeten Fleischwaren liefert die Metzgerei Hermann Schmid aus Oberau, während die ebenso schmackhaften wie beliebten Rehbratwürste, die mit Kraut serviert werden, vom Wildfleischhandel Stefan Gaugg aus dem österreichischen Nachbarort

Scharnitz kommen. Käse und Joghurt in feiner Qualität bezieht die Brunnsteinhütte von der genossenschaftlich organisierten Schaukäserei Ettal.

»Unsere Gäste wollen leichte Kost hier oben, keine schweren Gerichte und auch keine teuren«, betont Hans-Peter. Diesem Wunsch entspricht die Speisekarte mit herzhaften Brotzeiten wie Saurem Pressack, Speckplatte oder einem großen bunten Salatteller ebenso wie mit Hüttenklassikern, darunter Leberkäse, Grillfleisch, Schinkennudeln, Kässpatzen, Kaiserschmarrn oder das obligatorische Bergsteigeressen. Je nach Saison werden auch Tagesgerichte angeboten, etwa selbst gemachte Speck-, Kaspress-, Bärlauch- oder Spinatknödel, die jeweils heiß begehrt sind.

Eine bayerische Hütte ohne bayerisches Bier ist unvorstellbar. Der Gerstensaft auf der Brunnsteinhütte stammt von der 1808 gegründeten Brauerei Mittenwald, der höchstgelegenen Privatbrauerei Deutschlands, die sich mit ihren Spezialbieren einen Namen macht. Seit 1860 in der Hand der Familie Neuner, setzt man auch hier bei der Auswahl der Rohstoffe auf höchste Qualität aus heimischen Regionen. Der Hopfen kommt aus der Hallertau, das Malz aus dem oberbayrischen Raum – und das Brauwasser stammt von der »Stell« am Lautersee, einer eigenen Quelle, die seit 1830 genutzt wirdt. Nicht ganz typisch für eine Bierbrauerei vertreiben die Mittenwalder außerdem Wein von eigenen Weinbergen in Südtirol, die die ehemalige Seniorchefin mit in die Familie brachte. Der Weißburgunder und der Kalterer See der dortigen Genossenschaft werden auch auf der Brunnsteinhütte kredenzt. Wer sich bei den alkoholhaltigen Getränken zurückhalten möchte, der ist mit dem naturtrüben Direktapfelsaft von Streuobstwiesen aus der Region gut bedient oder kann etwas Besonderes probieren: den fruchtig-frischen Zitronenmelissesaft, den Maria Furtmayr herstellt. Sie ist die Schwester des Hüttenwirts und betreibt in Huglfing zwischen Murnau und Peißenberg einen Hofladen.

Oben: Hüttenesel Frederico ist der Liebling vieler Kinder, die auf der Brunnsteinhütte einen kleinen Streichelzoo vorfinden

»Unser Käsestreuselkuchen ist so beliebt, dass er eigentlich immer da sein muss. Es gibt Gäste, die extra deshalb auf die Hütte steigen. Sollte er einmal ausgehen, wären sie enttäuscht.«

Bekannt ist die Brunnsteinhütte auch für ihre selbst gebackenen Kuchen. Insbesondere der Käsestreuselkuchen genießt einen fast legendären Ruf, sodass Gäste extra deshalb auf die Hütte kommen. Dazu passt ein gepflegter Kaffee aus der Rösterei Wildkaffee in Garmisch-Partenkirchen. Dort hat Leonhard (Hardi) Wild vor einigen Jahren die erste Rösterei eröffnet und damit eine Idee seines Urgroßvaters wieder belebt, der in »GAP« schon Ende des 19. Jahrhunderts feinen Kaffee aus einer Hamburger Rösterei feilbot.

Käsestreuselkuchen

Für den Streuselteig (der zugleich Boden und Deckel ist): 250 g Butter * 400 g Mehl * 200 g Zucker * 1 Päckchen Vanillezucker

Für die Füllung: 3 Eier, Größe M * 125 g Butter * 100 g Zucker * 3 EL Grieß * 60 ml Milch * 750 g Magerquark

1 Für den Teig Butter auf kleiner Hitze schmelzen. Das Mehl mit dem Zucker und Vanillezucker in einer Schüssel mischen, die Butter nach und nach dazugeben und alles vermengen, bis gleichmäßig feine Streusel entstehen – am besten geht es mit den Händen. Die Hälfte des Teiges als Boden auf einem gefetteten Backblech verteilen.

2 Für die Füllung die Eier trennen. Das Eigelb mit der Butter, dem Zucker, Grieß und der Milch vermischen, dann den Magerquark unterrühren. Das Eiweiß steif schlagen und vorsichtig unter die Masse heben. Die Käsefüllung auf dem Teigboden verteilen. Die restliche Hälfte des Streuselteiges auf die Käsefüllung geben. Den Kuchen in den vorgeheizten Ofen schieben und 1 Stunde bei 170 Grad backen (Angaben des Herdherstellers beachten). Abkühlen lassen.

Haus-Peter Gallenbergers Tipp: Der Kuchen schmeckt im Herbst auch wunderbar mit Zwetschgen statt Käsefüllung.

Bärlauchknödel

Für etwa 10 Knödel: 200 g Bärlauch (statt Bärlauch kann man auch Spinat verwenden) * 500 g Knödelbrot * 4 Eier * 50 g geriebener Parmesan * 50 g geriebener Emmentaler * Salz * Pfeffer * Muskatnuss

1 Den Bärlauch klein schneiden und fein hacken. Das Knödelbrot mit den Eiern und dem Käse in einer Schüssel mischen, mit Salz, Pfeffer und der geriebenen Muskatnuss würzen, den Bärlauch untermischen und die Masse zu einem gleichförmigen Knödelteig verarbeiten. Mit ein wenig befeuchteten Händen nicht zu große, runde Knödel formen. Knödel kurz ruhen lassen.

2 In einem genügend großen Topf Salzwasser erhitzen, die Knödel vorsichtig hineinlegen und bei mittlerer Hitze etwa ½ Stunde ziehen lassen. Knödel herausheben und kurz abtropfen lassen.

3 Je nach Geschmack die Bärlauchknödel in der (Fleisch-)Suppe, mit Sauerkraut oder mit gemischtem Salat, brauner Buttersoße und geriebenem Parmesan servieren.

Tipp Bärlauch hat von März bis Mai Saison, ist dann auf dem Wochenmarkt, im Gemüsegeschäft oder selbstgesucht im Wald zu bekommen. Frisch hält er sich nur einige Tage; gibt man die klein geschnittenen Blätter mit etwas Meersalz in ein verschließbares Glas, das man mit genügend Olivenöl auffüllt, bleibt das aromatische Kraut mehrere Monate verwendbar.

Margot Lickert (*1957) und
Michael Bubeck (*1965)

In sonniger Südlage steht die Tölzer Hütte auf einem Sattel zwischen dem Schafreuter und dem Delpsjoch auf Tiroler Gebiet. Der urige Stützpunkt der Sektion Tölz bietet ein wunderbares Panorama weit übers Karwendel und alle Voraussetzungen für einen erlebnisreichen Bergausflug. Außer der Hüttenterrasse stehen gleich drei gemütliche Stuben bereit, in denen Margot Lickert und Michael Bubeck ihre Gäste bewirten können. Passend zur Hüttenlage legen die beiden den kulinarischen Schwerpunkt ihres gastronomischen Angebots auf die Tiroler Küche: zum Beispiel auf die hausgemachten Schlipfkrapfen Osttiroler Ursprungs oder auf die hoch geschätzten Knödelvariationen – der »knödellastige Ruf« der Tölzer Hütte – zu probieren auf dem Schmankerlteller – hat sich nicht ohne Grund herumgesprochen.

Die Tölzer Hütte (1.835 m), DAV-Sektion Tölz

Adresse	Margot Lickert; Eben 1; A-6215 Hinterriß; Tel.: +43 (0)664/1801790; info@toelzer-huette.at; www.toelzer-huette.at
Öffnungszeiten	Mitte Mai bis Mitte Oktober
Aufstieg	Hinterriß – Leckbachweg – Tölzer Hütte
Gehzeit/Höhenmeter	2,5 Std., 935 Hm
Anfahrt öffentlich	Bayerische Oberlandbahn bis Bahnhof Lenggries, von dort mit dem Bergsteigerbus nach Hinterriß
Ausgangspunkt	Hinterriß, Parkplatz Tölzer Hütte
Karte	Alpenvereinskarte BY 12, Karwendelgebirge Nord, 1:25.000
Touren	Schafreuter (2.101 m, 1 Std.), Delpsjoch (1.945 m, 30 Min.)

Autark und ursprünglich

Oben: Der Aufstieg zur Tölzer Hütte führt im unteren Teil durch locker bestandenen schönen Bergmischwald: eine Wohltat für Auge, Lunge – und Seele.

Die Tölzer Hütte liegt im Vorkarwendel, einem idealen Wandergebiet für Tages- und Mehrtagestouren. Gleich mehrere schöne Anstiegswege führen aus dem Rißtal hinauf, alpine Steige, für die man trittsicher und teilweise auch schwindelfrei sein sollte. Der kürzeste Zustieg beginnt bei der Bushaltestelle »Tölzer Hütte« an der Straße zwischen Vorderriß und Hinterriß. Etwa 700 Meter nach der Kaiserhütte (und der Materialseilbahn zur Tölzer Hütte) geht es links zum Parkplatz. Von dort folgt man dem »Leckbachweg« zunächst auf einer Forststraße und schwenkt bald nach links auf den Weg, der in etwa 2,5 Stunden Gehzeit die gut 900 Höhenmeter zur Hütte überwindet. Locker bestandener, schöner Mischbergwald begleitet die Wanderung durch die steilen Hänge; vorbei an einem kleinen Unterstand führt der Steig auch einmal über Felsplatten und eine größere Erosionsrinne. Dann erreicht man eine weitere Wegverzweigung und muss sich entscheiden: Für den Aufstieg empfiehlt sich die linke Variante, die noch einmal einen steilen Hang quert und dann durch flacheres Gelände zur Hütte zieht. Für den Abstieg kann man dann den »Wiesenweg« über den steilen Osthang des Delpjochs wählen, die rechte Variante.

Die aussichtsreiche und von der Sonne begünstigte Lage unterhalb des Schafreuter, eines im Sommer wie im Winter häufig begangenen Münchner Gipfelklassikers, haben sich die Alpenvereinsmitglieder der Sektion Tölz 1922 als Standort für ihre Hütte ausgesucht. Zwei Jahre später stand der stattliche Steinbau, der bis heute seinen Charakter als alpine Unterkunft bewahrt. Auf über 1.800 Metern Höhe ist der Alltagslärm und -stress schnell vergessen, und man kann sich auf die herrliche Bergwelt des Alpenpark Karwendel einlassen: Im Frühsommer erfreuen mit unzähligen Blumen übersäte Bergwiesen, im Herbst das Röhren der Hirsche, die ihre Brunftkämpfe im Hüttenumfeld austragen.

Im gepflegten Innenraum finden Gäste in drei urigen, holzvertäfelten Gaststuben Platz, der Panoramastube mit Kachelofen, der großen und der kleinen Tölzer Stube. Im ersten und zweiten Stock der Tölzer Hütte sind 73 Schlafplätze untergebracht, 18 davon in Mehrbettzimmern mit ein bis vier Betten, 55 in Einheiten von fünf bis maximal 14 Plätzen. Besonders die Räume im zweiten Stock wirken mit der Dachschräge und den kleinen Fenstern sehr gemütlich.

Die Tölzer Hütte ist weder an ein Straßen- noch an ein Leitungsnetz angeschlossen und damit autark. Der benötigte Strom wird über Solarzellen auf dem Hüttendach und einen Windgene-

Oben: Die Gaststuben der Tölzer Hütte beherbergen einige historische »Schmankerl«; Hüttenwirt Michael Bubeck kümmert sich um die kulinarischen Genüsse.

rator gewonnen, wobei eine Batterie die Energie speichert. Das Wasser liefert eine Quelle unterhalb der Hütte, von der das kostbare Nass in einen Hochbehälter gepumpt wird und dann zur Hütte fließt. Zusätzlich wird Regenwasser für die Toilettenspülung in einer Zisterne gesammelt. Warmwasser steht nur für den Küchenbetrieb zur Verfügung, weshalb es in den Waschräumen nur kaltes Wasser gibt – und auch keine Duschen. Die Quelle würde die dafür benötigte Wassermenge nicht hergeben.

Entscheidung für die Berge

»Da arbeiten, wo wir am liebsten sind – in den Bergen«, dieses Motto war für Margot Lickert und Michael Bubeck der Hauptgrund dafür, im Frühjahr 2008 als Hüttenwirte auf die Tölzer Hütte zu kommen. Zuvor hatte Margot schon als Hüttenhelferin gearbeitet und damit eine realistische Einschätzung, was der »Traumjob Hüttenwirt« alles erfordert. Die aus Freiburg stammende gelernte Hauswirtschaftsleiterin mit langer Erfahrung in Großküchen betreibt seit 1993 einen eigenen Kochservice in Herrenberg, den sie im Winter weiterführt. Im Sommer ist sie jetzt ihre eigene Küchenchefin, kümmert sich aber auch um Buchhaltung, Materialplanung und das Hüttenmarketing. Besonderen Spaß machen ihr »knifflige organisatorische Aufgaben und das Kochen für andere. Und zwar nicht in einer Großkantine im Tal, sondern in der herrlichen Umgebung am Berg, in unserer kleinen Küche, mit dem direkten Kontakt zu den Gästen!«

Oben: Der »Wiesenweg« ist eine Wegvariante zur bzw. von der Tölzer Hütte. Im Abstieg hat man das gewaltige Panorama der wilden Karwendel-Gipfel vor Augen.

Der gebürtige Stuttgarter Michael war lange Jahre als Ingenieur der Elektrotechnik/Nachrichtentechnik in einem großen IT-Unternehmen tätig, bevor er über einen grundlegenden Berufswechsel nachdachte. Heute kümmert er sich um den Gästeservice, den Getränkeausschank, die Hüttentechnik, den Webauftritt der Tölzer Hütte – und ist sehr froh darüber, seinen früheren Arbeitsplatz am Bildschirm gegen die »aussichtsreiche Position im Karwendelgebirge« eingetauscht zu haben. Der begeisterte Bergsteiger, der im Winter für seine Heimatsektion Schwaben Ski- und Schneeschuhtouren führt, freut sich, seine Passion jetzt auch im Sommer weitergeben zu können, an die Gäste, denen er gerne Tipps für lohnende Wanderungen gibt.

Klein, aber fein

Wer sich so bewusst fürs Hüttenwirt-Leben entscheidet wie Margot und Michael, der legt auch Wert auf das gastronomische Angebot. »Die regionale Küche ist uns wichtig – es muss das geben, was zur Region gehört; die Frische und Qualität der Zutaten muss passen, und wir wollen die Lieferanten aus der Region unterstützen«, begründet Margot die Teilnahme an der AV-Initiative »So schmecken die Berge«. Da die Küchen- und Lagermöglichkeiten auf der Tölzer Hütte begrenzt sind, der Einkauf und die Versorgung über die Materialseilbahn aufwendig ist und alle Gerichte schnell und frisch zubereitet werden sollen, ist das Angebot der Speisekarte bewusst übersichtlich gehalten.

Zu den kulinarischen Highlights zählen die Tiroler Schlipfkrapfen, große Nudelteigtaschen, die mit einer Kartoffel-Käse-Füllung serviert werden. Auch die dreierlei Knödel – Speck-, Käse- oder Spinatknödel – sind ein Dauerbrenner. Sie kommen wahlweise in der Suppe, mit Kraut oder einem Salatteller auf den Tisch. Wer gerne Verschiedenes kostet, wählt den »Schmankerlteller« und probiert damit ein Tris aus Käse-, Spinatknödel und Schlipfkrapfen in Tomatensoße.

Mindestens einmal pro Woche werden auf der Hütte Knödel gemacht, von einer Grundmenge für 90 Knödel. »5.500 bis 6.000 Knödel gehen bei uns wohl in einer Hüttensaison über die Theke – im Schnitt isst jeder Gast einen Knödel«, erklärt Margot und freut sich, dass die Tiroler Küche, die ganz und gar nicht fleischlastig ist, so gut ankommt. Generell werden vegetarische Gerichte stärker nachgefragt, besonders von Frauen. Deshalb stehen neben der Steirischen Hauswurst mit Kraut und dem Tölzer Hüttenbrettl auch diverse Suppen und Salate auf der Karte, gibt es gefüllte Palatschinken und selbst gebackene Kuchen, unter denen der Mohnkuchen besonders hervorsticht. Auch abends können die Übernachtungsgäste zwischen dem fleischlosen Schmankerlteller, einem Bergsteiger-Essen und einem Fleischgericht wählen. Suppe und Dessert ergänzen die Wahl zum Drei-Gänge-Menü.

Oben: Die hausgemachten Schlipfkrapfen sind ursprünglich eine Osttiroler Spezialität und verlangen bei der Zubereitung etwas handwerkliches Geschick.

Am nächsten Morgen sorgt das reichhaltige Frühstücksbüfett mit Müsli, Obstsalat, Marmelade, Honig, Schokocreme, Wurst und Käse, Kaffee, Tee oder Schokogetränk für die notwendige Stärkung vor der Wanderung – und wer für eine längere Tour vorsorgen will, der kann sich auch ein Lunchpaket richten lassen.

Die Zutaten für fast jedes Gericht beziehen Margot und Michael aus der Region. Die Fleisch- und Wurstwaren kommen größtenteils von der Feinkost-Metzgerei Weber aus Lenggries, einem Familienbetrieb mit schwäbischen Wurzeln. Das schmackhafte und gut haltbare Sauerteigbrot stammt von der Bäckerei Bammer im kleinen Ort Lenggries-Fleck, während Obst und Gemüse vom Früchtehandel Kell aus Bad Tölz zugeliefert werden. Das Bier und die alkoholfreien Getränke stammen von der bayerischen Seite, von Hacker-Pschorr in München und Hopf (Weißbiere) in Miesbach, die kleine, aber feine Auswahl an Weinen und Spirituosen von der Tiroler Seite, von der Weinkellerei und Branntweinbrennerei Schwarzenberger in Brixlegg im Inntal. Ob man es nun mit bayerischem Bier hält oder mit einem süffigen Zweigelt aus Niederösterreich, das bleibt jedem Gast überlassen. Auf jeden Fall ist von Mai bis Oktober Zeit, um Margot und Michael auf der Tölzer Hütte zu besuchen.

Mohnkuchen

250 g geriebener Mohn * 200 g Margarine * 5 Eier * 200 g Zucker * 1 Prise Salz * 1 geriebener Apfel * 100 g geriebene Haselnüsse * 50 g Mehl * 2 TL Backpulver * 2 EL Marillenmarmelade

1 Die Margarine in einem Topf auf dem Herd erhitzen. Die Eier mit dem Zucker und Salz schaumig rühren. Die Margarine schmelzen und dazu geben. Den Apfel reiben und ebenfalls zu der Mischung geben und gut verrühren. Dann Mohn, Haselnüsse, Mehl und Backpulver unterrühren.

2 Den Teig in eine gefettete Springform geben und im vorgeheizten Backofen bei 180 Grad 50 bis 60 Minuten backen. Den fertigen Kuchen etwas abkühlen lassen und mit Marillenmarmelade einpinseln.

Hausgemachte Schlipfkrapfen

Für 6 Personen: 400 g Mehl * 50 g Grieß * 1 EL Öl * Salz * etwas Wasser * 750 g Kartoffeln * 200 g Fetakäse * Pfeffer * Thymian * Muskatnuss * 100 g Butter * 1 Bund Schnittlauch

1 Für den Teig Mehl, Grieß, Öl, Salz und Wasser zu einem glatten Teig kneten, mehrere Stunden ruhen lassen.

2 Für die Füllung die Kartoffeln kochen und schälen. Mit dem Feta durch eine Kartoffelpresse drücken und mit Salz, Pfeffer, Thymian und Muskatnuss herzhaft würzen.

3 Den Teig auf einer bemehlten Arbeitsfläche sehr dünn auswellen und Kreise von ca. 9 bis 10 cm Durchmesser ausstechen. Walnussgroße Portionen der Füllung auf eine Hälfte des Kreises legen, die andere Hälfte darüber klappen und zusammenpressen.

4 Nun kommt das »Krendeln«: Den doppelten Teigrand an der zusammengeklappten Seite von links nach rechts immer wieder zwischen Daumen und Zeigefinger zusammendrücken, ein kleines Stück davon herausziehen und wieder etwas einklappen. (Für Ungeübte etwas kompliziert und zeitraubend, einfacher geht es mit einer »Klappform«, die auch für Schinkenhörnchen, Maultaschen und andere gefüllte Nudeltaschen angeboten wird.)

5 Wasser im Topf erhitzen, etwas Salz dazugeben, die Schlipfkrapfen in das kochende Wasser legen – sie müssen schwimmen, evtl. in mehreren Kochgängen arbeiten – und bei reduzierter Hitze etwa 10 Minuten garen lassen. Aus dem Wasser nehmen und abtropfen lassen. Die Butter schmelzen und über die Krapfen geben, mit dem klein geschnittenen Schnittlauch bestreuen und servieren.

Tipp von Hüttenwirtin Margot Lickert Die Schlipfkrapfen nach dem Kochen in Öl goldbraun anbraten! Nun sind sie schön knusprig und ergeben zusammen mit einem Salatteller eine köstliche Sommer-Mahlzeit.

Gabi (*1973) und
Robert Lukasser (*1969)

Die **Bettelwurfhütte** thront exponiert auf einer kleinen Geländeterrasse an der Südflanke der mächtigen Bettelwurf-Gipfel – mehr als 1.500 Höhenmeter über Hall im Inntal. Die altehrwürdige Bergunterkunft des Zweigs Innsbruck im Oesterreichischen Alpenverein ist ein nach wie vor uriger, heute aber auch komfortabler Stützpunkt für Hüttenwanderer auf dem Weg durch die wilde Bergwelt des Alpenparks **Karwendel**, für Gipfelaspiranten, Klettersteigfreunde und berggängige Tagesgäste. Dass sich alle auf diesem besonderen Fleckchen Erde wohlfühlen, dafür sorgen seit fünf Jahren Gabi und Robert Lukasser. Mit viel Liebe zum Detail runden die beiden gebürtigen Osttiroler den urtümlichen Charakter der Hütte mit einem passenden gastronomischen Angebot ab: **beste Hüttenkost** traditioneller Tiroler Art wie Knödel, Krapfen, Gröstl und Spatzn.

Die Bettelwurfhütte (2.077 m), OeAV-Sektion Innsbruck

Adresse Gabi und Robert Lukasser; Halltal 30; A-6067 Absam; Tel.: +43 (0)699/10684073 (mobil); +43 (0)5223/53353 (Festnetz, während der Bewirtungszeit); bockaufberge@bettelwurfhuette.at; www.bettelwurfhuette.at

Öffnungszeiten Anfang Juni bis Mitte Oktober

Aufstieg Halltaleingang – 2. Ladhütte – Bettelwurfhütte

Gehzeit/Höhenmeter 3,5 – 4 Std., 1.300 Hm

Anfahrt öffentlich DB/ÖBB bis Innsbruck, mit Buslinie E zur Haltestelle Absam/Eichat Bettelwurfsiedlung

Ausgangspunkt Parkplatz Halltaleingang

Karte Alpenvereinskarte 5/2 Karwendelgebirge Mitte, 1:25.000

Touren Kleiner Bettelwurf (2.650 m, 1,5 – 2 Std., Klettersteig A/B, Klettersteigset/Helm notwendig), Großer Bettelwurf (2.726 m, 1,5 – 2 Std., anspruchsvoll), Absamer Klettersteig (600 Hm Kletterstrecke, Stellen C, KS-Set/Helm notwendig)

Logenplatz auf über 2.000 Metern

Oben: Der Aufstieg zur Bettelwurfhütte hat es in sich, lohnt aber die Mühe. Beim Abzweig zum Gipfel des Großen Bettelwurfes ist es nur noch ein »Katzensprung«.

Seit 2012 ist das Halltal autofrei und nur zu Fuß oder mit dem Radl erreichbar. Dadurch hat sich der Aufstieg zur Bettelwurfhütte um 300 Höhenmeter und eine knappe Stunde verlängert. Vom neuen Parkplatz am Halltaleingang oberhalb von Absam wandert man entweder über das schmale Sträßchen oder den Fluchtsteig bis zur zweiten Ladhütte (bis hierher auch mit dem Radl), wo der eigentliche Aufstieg beginnt. Jenseits der Brücke über den Hallbach folgt man dem Steig, der in Kehren die gewaltige Bettelwurfreise hinaufzieht. Weiter oben, beim Schild »Wechselreise«, geht es nach links aus dem Geröllrichter zu einem Felsgürtel und in latschenbesetztes Gelände. Einige Felsstufen – schwerere Stellen sind mit Drahtseilen entschärft – führen über teils schmale Felsbänder durch den »Alten Schlag«. Die Hütte auf ihrem Logenplatz hat man erstmals »beim Juchezer« im Blick, dahinter die massiven Südwände des Kleinen und Großen Bettelwurf. Der Steig zum Kleinen Bettelwurf und der Übergang zum Nachbargipfel wurden in den 1980er-Jahren klettersteigartig ausgebaut (Klettersteigset empfohlen), der direkte Aufstieg zum Großen Bettelwurf zweigt vom Hüttenweg ab. Dieser anspruchsvolle Steig zieht sich über den gesicherten Eisengattergrat zum vierthöchsten Karwendelgipfel (2.726 m), von dem aus an klaren Tagen der Blick bis nach München reicht und im Süden über die Ötztaler, Stubaitaler und Zillertaler Alpen bis zu den Hohen Tauern und zum Großglockner. Wer keine Gipfelambitionen hat, ignoriert die Abzweigung und wandert zur Hütte hinüber, die nach dreieinhalb bis vier Stunden und 1.300 Höhenmetern erreicht ist.

Vor dem mehrteiligen Steinbau mit seinem roten Blechdach laden blumengeschmückte Holztische zum Platznehmen ein, und Hüttenwirtin Gabi Lukasser serviert schnell das erste kühle Getränk, vielleicht einen frischen »Karwendelspritzer« aus Most, Holunder und Sodawasser, der auch den größten Durst stillt. Ist man etwas erholt und hat das Panorama der Tuxer und Stubaier Alpen auf der gegenüberliegenden Talseite eingeordnet, fällt das Hüttenschild über der Eingangstür ins Auge. Auf der sorgsam restaurierten Originaltafel steht geschrieben, dass die Bettelwurfhütte 1893/94 von der »Section Innsbruck des D. u. Oe. Alpenvereins« (des damals vereinten Deutschen und Oesterreichischen Alpenvereins) erbaut wurde. Gabi Lukasser weiß zu berichten, dass die Hüttengeschichte eng mit der Alpinen Gesellschaft »Wilde Bande« verknüpft ist, einer Gruppe bergbegeisterter Mitglieder des Alpenvereins, die besonders gern und oft im Halltal unterwegs waren. Diese Vereinigung von Idealisten grüßte sich am Berg mit »Hoch Glück« und hatte die Errichtung eines Weges vom Stempeljoch zum Lafatscherjoch, den sogenannten Wilde Bande Steig, und den Bau der Bettelwurfhütte zum Ziel.

Oben: Einige Passagen auf dem Weg zur Bettelwurfhütte sind versichert – der Tiefblick auf das Inntal wird, je höher man kommt, umso eindrucksvoller.

Dank des großen Engagements der Hüttenreferenten der Sektion Innsbruck und der Hüttenwirte hat die Bettelwurfhütte bei aller notwendigen Anpassung an die Moderne ihren urtümlichen Charakter beibehalten. Einen gehörigen Anteil an der angenehmen Atmosphäre auf der Bettelwurfhütte haben Gabi und Robert Lukasser. Die beiden stammen aus Lienz in Osttirol, leben aber schon lange im Raum Innsbruck. Gabi kommt aus einem Dorfgasthaus, besuchte eine Hotelfachschule, studierte BWL und arbeitete dann im Marketing eines Pharmakonzerns, was ihr auf Dauer nicht behagte, und auch Robert machte als gelernter Kfz-Mechaniker und langjähriger Krankenpfleger in Innsbruck so seine Erfahrungen. Da beide gern und oft in den Bergen unterwegs waren, suchten sie eine abgelegene Hütte, die nur zu Fuß zu erreichen war – und fanden die Bettelwurfhütte, auf der sie 2009 als Hüttenwirte anfingen.

Hoch über dem umtriebigen Inntal gibt es viel zu tun, auch handwerkliches Geschick ist gefragt. Alles in allem aber geht es entspannt zu, weil die Gäste vor allem Bergsteiger sind, die durchs Karwendel wandern, übers Wochenende die Bettelwürfe anpacken oder als Stammgäste aus dem Inntal heraufsteigen. Letztere können an einem Hütten-Ranking teilnehmen: Pro Besuch vergibt Gabi einen Stempel auf die Stempelkarte, am Ende der Saison gibt es Preise für die drei Erstplatzierten und für jeden Gast mit zehn Stempeln im Folgejahr ein Stammgast-Glaserl mit eingraviertem Vornamen. »Manche kommen 50 bis 60 Mal herauf, für viele ist das eine gute Trainingsstrecke«, bemerkt die Hüttenwirtin bewundernd.

Leibliches Wohl im Blick

Zu Gabis und Roberts Selbstverständnis gehören auch möglichst regionale und frische hochwertige Waren für ihre Küche. »Wir kaufen die Zutaten und machen alles selber auf der Hütte. Wir könnten auch nichts lagern und möchten eine Gaudi haben mit dem, was wir unseren Gästen anbieten«, betont Gabi Lukasser. Diesen Ansatz für das kleine, aber feine Speisen- und Getränkeangebot honorieren die Gäste und besuchen die Hütte auch wegen ihrer Gerichte. Auf der Speisekarte stehen wenig fleischhaltige Tiroler Spezialitäten wie Knödel – Kaspress-, Tiroler- und Spinatknödel, die auch als Knödeltris munden –, Spatzn, Osttiroler Schlipfkrapfen, Gröstl, herzhafte Suppen wie die Gerstlsuppe oder Pfandl wie das Speckkar-Pfandl mit hausgemachten Nudeln. Den Speck dafür und fürs Karwendler Jausenbrettl räuchert Gabis Mama selbst, und von der Osttiroler Verwandtschaft kommen die würzigen Hauswürstel. Naschkatzen werden den klassischen Kaiserschmarrn mit Zwetschkenröster, die luftigen Kuchen oder fruchtigen Strudeln probieren und dazu italienische Testarossa-Kaffeespezialitäten aus einer professionellen Maschine genießen – ebenfalls ein Herzenswunsch der passionierten Kaffeetrinker Gabi und Robert.

Oben: Eine süße Belohnung nach überstandenen Aufstiegsmühen: Der feine Kaiserschmarrn auf der Bettelwurfhütte zergeht auf der Zunge.

Der Hüttenwirt steht in der Küche und bereitet die Speisen der Standardkarte und auch saisonale Gerichte so gut zu, dass sie allen schmecken. Er hat schon immer gerne gekocht und den letzten »Schliff« in Sachen Kochkunst von seiner Schwiegermutter bekommen. Gabi hingegen kümmert sich freundlich und gelassen um den Service. Übernachtungsgästen bieten die beiden ein abwechslungsreiches Vier-Gänge-Menü, darunter auch ein Fleischgericht, und am Morgen stärkt ein reichhaltiges Frühstücksbuffet für den Tag. In der Hochsaison wird das auf der Hütte selbst gebackene Brot von Brotspezialitäten der Bäckerei Schödl in Absam ergänzt, die offenen Marmeladen stammen von den Gebrüdern Unterweger in Osttirol, und die Haferflocken fürs Müsli kann man sich mit der mechanischen Quetsche selbst pressen.

Die Getränkekarte umfasst Stiegl-Bier aus Salzburg, Most aus Vorarlberg und Säfte und Schnäpse aus Osttirol beziehungsweise von der Firma Rauch (Säfte). Doch die Lukassers setzen auch eigenen Zirbenschnaps an. Stammgäste sammeln dafür die Zirbenzapfen auf der gegenüberliegenden Tuxer Seite und bringen sie auf die Hütte. Dort werden diese aufgeschnitten und mit Kandiszucker und Osttiroler Schnaps angesetzt. Danach reifen sie etwa fünf bis sechs Wochen. »Der fertige Schnaps schmeckt jedes Mal ein bisschen anders, aber immer gut und richtig nach Berg«, sagt Gabi.

Oben: Ein süffiges Bier gehört zum gemütlichen Hüttenaufenthalt. Stammgäste auf der Bettelwurfhütte bekommen sogar ihr eigenes Glas.

Alles, was auf der Bettelwurfhütte verarbeitet wird, kommt mit der alten, 1966 installierten Materialseilbahn in die Höhe, die vom Tal bis zur Hütte etwa 20 Minuten unterwegs ist. Seit das Halltal gesperrt und nur mit einer Sondergenehmigung zu befahren ist, müssen Gabi und Robert mit einer etwas »wackligen Versorgungssituation« zurechtkommen, besonders wenn schlechtes Wetter bevorsteht. Einige Lieferanten fahren gar nicht mehr ins Tal, auch weil bei Starkregen Murenabgänge die Straße bedrohen. Trotz dieser neuen Herausforderung zieht Gabi Lukasser ein positives Resümee nach fünfjähriger Wirtszeit: »Die Abgelegenheit hier oben hat einen speziellen Charme, den ich mag. Ich genieße es, an einem Platz und weg vom Schuss zu sein. Ich möchte recht gerne recht alt werden hier oben!«

Brot aus dem Hütten-Backofen

Auf über 2.000 Metern Höhe eigenes Brot zu backen, war Gabi Lukassers Idee. Deshalb steht seit 2010 vor der Bettelwurfhütte ein traditioneller Holzbackofen, den ihr Mann Robert selbst gebaut hat. Das Innenleben besteht aus Schammotesteinen von der oberschwäbischen Firma Häussler, das Drumherum aus Natursteinen der Umgebung – ein gesamter Bausatz mit an die 600 Kilo Gewicht hätte sich kaum auf die Hütte transportieren lassen. Gabi lernte auf einem Brotbackseminar die Tricks und Kniffe des Brotbackens kennen und nutzt ihren Ofen heute ein- bis zweimal in der Woche. So backt sie jeweils zehn Kilo Brot, wobei sie immer wieder das Rezept variiert und auch neue Sorten mit oder ohne Vollkorn ausprobiert. Das Mehl und die Getreidekörner (teilweise mahlt Gabi ihr eigenes Mehl) bezieht sie vom Tiroler Oberland, von einigen Bauern und von der Rauchmühle in Salzburg. Hat sie den Teig am Abend angesetzt, heißt es am nächsten Morgen um sechs Uhr den Ofen einheizen. Dazu werden im Innenraum des Ofens immer wieder Holzscheite nachgelegt, bis nach drei Stunden eine Temperatur von circa 300 Grad erreicht ist, die die Schamottesteine speichern. Die abgebrannten Holzreste werden herausgeräumt, die Brote dann im Ofen ungefähr eine Stunde lang gebacken. Danach würde die Resthitze reichen, um noch einen Kuchen oder Braten einzuschieben – wenn Zeit dazu ist. Je nach Wetterlage geht der Brotteig in der Höhenlage unterschiedlich gut auf, je nach Wind entwickelt sich die Hitze im Ofen schneller oder langsamer. Kein Brotbacktag auf der Bettelwurfhütte ist wie der andere – doch das Ergebnis überzeugt immer: frisches, knuspriges Bauernbrot von der Hütte.

Anleitung für heint:
aufa gian
obi schaugn
gamsn daschreckn
knedl essn
glücklich sein

Gabis Hüttenbrot

½ Würfel Hefe1 kg Brotmehl * 200 g Dinkelmehl * 130 g Roggenmehl * 1 l Wasser * 40 g Salz * 2 TL Brotgewürz

1 Die Hefe mit etwas warmem Wasser und ein wenig Mehl zu einem Vorteig ansetzen. Diesen in warmer Umgebung etwa eine halbe Stunde gehen lassen.

2 Die restlichen Zutaten in eine große Rührschüssel füllen und zusammen mit dem Vorteig zu einem festen Teig kneten. Den Teig möglichst zehn Stunden (am besten über Nacht) rasten lassen, bis er etwa die doppelte Menge aufgegangen ist. Mit etwas Mehl auf einem Nudelbrett zu einem Wecken oder Laib formen, nochmal zehn Minuten gehen lassen.

3 Das Brot oben mit einem Messer mehrfach einritzen, damit es beim Backen nicht aufreißt. Im Ofen bei 250 Grad ca. 45 bis 60 Minuten backen. Das Brot ist durchgebacken, wenn man daran klopft und es sich hohl anhört.

Tipp von Hüttenwirtin Gabi Man kann das Wasser ganz oder teilweise durch Bier oder Weizenbier ersetzen. Dadurch erhält das Brot einen herberen Geschmack. Gewürze kann man nach Belieben und Geschmack verändern. Dem Teig kann man außerdem Kürbiskerne oder Sonnenblumenkerne beifügen. Auch geröstete Zwiebeln passen gut in dieses Brotgrundrezept.

Mindestens einmal pro Woche wird Gabi Lukasser zur Bäckerin – ihr Bauernbrot schmeckt ausgezeichnet.

Gerstlsuppe

125 g Rollgerste * 1 mittelgroße Zwiebel * Öl * 1,5 l Wasser * 750 g Selchrippen * 1 gelbe Rübe * 1 kleiner Lauch * ½ Dose steirische Käferbohnen (Feuerbohnen) bzw. über Nacht eingeweichte Bohnen * Suppenwürze * Salz * Pfeffer * Schnittlauch

1 Die Rollgerste einige Stunden in Wasser einweichen. Die Zwiebel klein schneiden und in Öl glasig anschwitzen. Die Rollgerste abschütten und kurz mit anrösten, wenig salzen. Mit dem Wasser aufgießen und aufkochen lassen. Die Selchrippen hinzufügen und etwa 1 ½ Stunden mit köcheln, bis das Fleisch weichgekocht ist. Dann die Rippen herausnehmen, das Fleisch vom Knochen lösen und klein schneiden.

Die Gerstlsuppe gehört zur traditionellen Tiroler Küche und schmeckt besonders gut in der kühleren Jahreszeit.

2 Die klein geschnittene Rübe, den geschnittenen Lauch und die steirischen Käferbohnen (eingeweichte Bohnen vorher mit den Selchrippen weich kochen) in die Suppe geben und einige Minuten mitkochen. Dann das geschnittene Fleisch wieder hinzugeben und mit etwas Suppenwürze, Salz und Pfeffer abschmecken. Mit fein geschnittenem Schnittlauch garnieren und mit selbst gebackenem Brot servieren.

Tipp von Hüttenwirt Robert

Etwas Stangensellerie gibt der Suppe einen besonderen Geschmack. Wer die Suppe sämig mag, kann eine weiche Speckschwarte mitkochen. Die Suppe kann man sehr gut portionsweise einfrieren.

Apfelstrudel

700 g Äpfel (am besten Boskop oder Jonagold) * Saft einer Zitrone * 150 g Zucker * 1 EL Zimt * 20 g Vanillezucker * evtl. eine Handvoll Rosinen * 100 g geriebene Haselnüsse * 3 EL Butter * 50 g Semmelbrösel * 1 Packung Strudelteig * 1 Ei

1 Die Äpfel schälen, entkernen und anschließend blättrig schneiden. Mit Zitronensaft beträufeln und mit Zucker, Zimt und Vanillezucker abschmecken. Wer möchte, kann auch Rosinen beifügen. Geriebene Haselnüsse und mit Butter angeröstete Semmelbrösel hinzugeben und alles gut untermengen.

2 Den Strudelteig dünn ausrollen und auf ein Strudeltuch legen. Die Apfelmasse am unteren Drittel des Teiges verteilen, die Seiten einschlagen und mit Hilfe des Strudeltuches den Strudel einrollen. Den Strudel mit Ei bestreichen und im Ofen bei 160 Grad ca. 45 Minuten backen.

Elke Hofmann (*1971) und
Haus Mayr (*1969)

Direkt unter der massigen Nordwand der Benediktenwand, dem bekannten Charakterberg im bayerischen Oberland, liegt die Berghütte der DAV-Sektion Tutzing. Üblicherweise wandert oder radelt man von Benediktbeuern hinauf zur Tutzinger Hütte. Auf der gepflegten Terrasse oder im großzügigen Gastraum lässt sich gut sitzen – und das kulinarische Angebot von Hüttenwirt Hans Mayr genießen. Was er mit Partnerin Elke und seinem Team zu Tisch bringt, lohnt ausgiebiges Testen, egal ob Kaiserschmarrn, Kasspatzn, Wammerl mit Kraut, Schinkennudeln, deftige Brotzeiten oder hausgemachter Kuchen. Letzterer ist ein echter Renner, denn als gelernter Bäcker- und Konditormeister versteht Hans Mayr sein Metier. Und er verarbeitet möglichst viele Lebensmittel aus der Region, dem »Blauen Land«.

Die Tutzinger Hütte (1.327 m), DAV-Sektion Tutzing

Adresse Hans Mayr; Am Oberried 2; D-82431 Kochel; Tel.: +49 (0)175/1641690; www.dav-tutzinger-huette.de

Öffnungszeiten Mitte April bis Anfang November, über Weihnachten und Ostern

Aufstieg Gschwendt – Lainbachtal – Serpentinenweg – Tutzinger Hütte

Gehzeit/Höhenmeter 2,5 Std., 710 Hm

Anfahrt öffentlich DB bis Benediktbeuern

Ausgangspunkt Benediktbeuern, Parkplatz Gschwendt

Karte Alpenvereinskarte BY 11, Isarwinkel, Benediktenwand, 1:25.000

Touren Benediktenwand (1.801 m, 1,5 Std.), Abstieg in die Jachenau (2 Std.), Höhenweg zum Brauneck (1.540 m, 2 Std.)

Moderne Hütte, traditionelles Flair

Über 400 Meter ragt das Felsmassiv der Benediktenwand über die Wälder zu ihren Füßen. Den Gipfelklassiker südlich von München können Bergwanderer unproblematisch überschreiten, am besten über den Stützpunkt Tutzinger Hütte, der idyllisch unterhalb der »Benewand«-Nordwand liegt. Wanderer folgen vom Parkplatz Gschwendt in Benediktbeuern dem ausgeschilderten Weg 456 durch das Lainbachtal. Entlang des Baches lockern die Infotafeln des Wildbach-Lehrpfades den langen Marsch etwas auf. Alternativ kann man auch auf der mit Weg 455 bezeichneten Forststraße über die Kohlstattalm aufsteigen – einige direkte Wegpassagen kürzen lange Straßenkurven ab. Diese Variante nutzen auch Mountainbiker. Beide Wege treffen oben auf den Zubringer zur Materialseilbahn, von wo man die Hütte über den »Serpentinenweg« in etwa 30 Minuten erreicht.

Der ansprechende Holzbau aus dem Jahr 2000 bietet seinen Gästen viel Komfort für eine Berghütte. Die Bausubstanz des Vorgängergebäudes war nicht mehr zu retten gewesen. So wurde die alte Hütte nach ihrem 90. Geburtstag abgerissen und der Neubau auf den Fundamenten in Ständerbauweise komplett neu errichtet, als Niedrigenergiehaus mit moderner Technik: Die benötigte Energie liefern ein mit Gas betriebenes Blockheizkraftwerk und eine Fotovoltaikanlage, der überschüssige Strom wird in Batterien gespeichert, das Wasser kommt aus zwei tiefgebohrten Pumpbrunnen, während das Abwasser in eine mechanisch-biologische Kläranlage fließt.

Oben: Stattlich, gemütlich und gepflegt: Das anheimelnde Holzgebäude der Tutzinger Hütte ist ein gelungener Ersatzbau für die alte erste Hütte.

2009 war der Schrecken groß, als eine ungewöhnlich starke Lawine das Nachbargebäude, die alte Hausstattalm, niederwalzte und auch die Fenster und Türen der Tutzinger Hütte eindrückte. Heute steht ein neues Almgebäude, das neben den 50 Plätzen der Haupthütte 50 weitere Betten in ansprechenden kleinen Zimmerlagern bietet, mit schönen Waschräumen..

Gute Organisation, guter Service

»Wir haben im Jahr etwa 220 Tage geöffnet«, erzählt Hüttenwirt Hans Mayr, »und wir freuen uns, dass unsere Gäste so gerne heraufkommen.« Und das tun sie, egal ob als Tagesgast, Stammgast, Radler, Weitwanderer auf Tour über die Alpen oder als Familie mit Kindern. Der gelernte Bäcker und Konditor ist seit 15 Jahren Wirt auf der Tutzinger Hütte. Damals, als die alte Hütte noch stand, der Neubau aber schon abzusehen war, fragte man den gebürtigen

Oben: In der breiten Nordwand der Benediktenwand finden Klettere einige interessante Routen; Bergwanderer können den Gipfel von Ost nach West überschreiter.

Kochler mehrfach, ob er nicht Hüttenwirt werden wolle. Er bewarb sich bei der Sektion und bekam den Zuschlag – eine Entscheidung, die er bis heute nicht bereut.

Seit fünf Jahren unterstützt Lebensgefährtin Elke Hüttenwirt Hans, und in der Sommersaison ergänzen bis zu drei Mitarbeiter aus Deutschland, Ungarn und Nepal das Team. Gemeinsam führt das Paar die Hütte auf bayerisch-herzliche Art und steckt viel Engagement in die Küche: »Ich stehe früh auf, richte das Frühstücksbüffet, koche vor, wobei ich je nach Wetter- und Gästelage die Tagesgerichte aussuche und vorbereite. Wenn es schön ist und viele Leute kommen, gibt es ein vegetarisches Gericht, Knödel oder Rahmchampignons mit Semmelknödel zum Beispiel«, erklärt Hans die gut organisierte Arbeitsweise auf der Tutzinger Hütte. Nur so kann das kleine Team auch einen größeren Ansturm bewältigen. Und nur so schafft Hans es, nachmittags als »Springer« relativ frei zu sein und sich zu den Gästen zu setzen, um mit ihnen zu ratschen und Tipps für Touren um die Benewand zu geben.

Selbstgemachtes aus der Region

Die traditionellen Gerichte werden auf der Hütte selbst hergestellt. Als heimatverbundener Mensch ist Hans Mayr darauf bedacht, regional einzukaufen. »Auch wenn zum Beispiel die Molkereiprodukte teurer sind, ist die Qualität einfach besser. Und das ist es wert, weil wir auch

keinen Unterschied machen wollen zwischen dem, was wir essen, und dem, was wir unseren Gästen servieren.« Die Gäste schätzen dieses Selbstverständnis, das fürs üppige Frühstücksbüffet genauso gilt wie für Suppen und Brotzeiten, für Kasspatzn oder Gulasch mit Semmelknödel, für die Tagesgerichte und besonders auch für die selbst gebackenen Kuchen. Das klassisch-kräftige Roggenbrot wie das Knödelbrot bezieht Hans Mayr von der Bäckerei/Konditorei Bierbichler aus Kochel am See – dort ging Hans vor vielen Jahren zur Lehre. Ebenfalls aus Kochel, vom Bruder Ludwig Mayr, kommt die Milch – Hans schätzt, dass er auf der Tutzinger Hütte etwa die Milchmenge einer Kuh verbraucht.

Oben: Seit 1967 gibt es wieder Steinböcke im Benediktenwandgebiet – auf der Speisekarte der Tutzinger Hütte finden sich eher deftige Brotzeiten und Hüttengerichte.

Einiges weiter weg liegt die Molkerei, deren Milchprodukte die Tutzinger Hütte führt. Das Einzugsgebiet der bekannten Molkerei »Berchtesgadener Land« in Piding reicht vom Salzburger Land über das Berchtesgadener Land, den Chiemgau und den Isarwinkel bis ins Kochler Land.

Russen-Halbe & Hirschkuss

Was für die Speisen gilt, trifft auch auf das Getränkeangebot zu. Die aufs Jahr 1516 zurückgehende Klosterbrauerei Reutberg in Sachsenkam bei Bad Tölz – ebenfalls eine Genossenschaft – ist mit einigen ihrer zehn Biersorten vertreten, sodass man zwischen untergärigem Hellen und Dunklen und obergärigem hellen und dunklen Weißbier wählen kann. Bei sommer-

lichen Temperaturen erfrischt der süffige Gerstensaft als »Radler Maß« oder isotonisch wertvolle »Russen Halbe«.

Und auch einige Spirituosen werden »gleich ums Eck« gebrannt, wie Hans Mayr erzählt: Der Obstler und der Birnenschnaps kommen von der kleinen Schnapsbrennerei Zangl aus Pessenbach bei Kochel, die seit Generationen ihr Brennrecht ausübt und mit hohem Anspruch und feiner Sensorik Destillate herstellt, die sich in Sachen Qualität, Weichheit und Reinheit mit den besten Bränden messen können.

Als weitere Besonderheit steht der »Hirschkuss« auf der Getränkekarte der Tutzinger Hütte. Der feinherbe Kräuterlikör wird von einem kleinen Familienbetrieb in Lenggries bei Bad Tölz hergestellt, nach geheimer Rezeptur, die die heutige Chefin Petra Waldherr-Merk von ihrer Großtante überliefert bekam. Rund 40 Kräuter und Wurzeln, viele davon aus den Alpen, wie zum Beispiel Enzian, Melisse, Anis, Baldrianwurzel, Kümmel, Liebstöckel, Wacholder, Waldmeister, Arnika, Ingwerwurzel und einige weitere geheim gehaltene Kräuter, sind Bestandteile. Die aufwendige Herstellung des edlen Tropfens erfolgt in mehreren Schritten, bevor er von Hand in Flaschen abgefüllt wird. Wer Gefallen am Hirschkuss findet, wird vielleicht auch ein Stamperl vom »Gamsbluad« verkosten wollen. Diesen Bier-Holunder-Likör stellt die Klosterbrauerei Reutberg her und versucht damit, auch im hochprozentigen Segment Fuß zu fassen.

Oben: Marmor-, Nuss- oder Eierlikörkuchen? Auf der Tutzinger Hütte ist jeder Kuchen hausgebacken und schmeckt als Nachtisch oder zum Kaffee.

Eine große Passion hegt Hans Mayr für die Volksmusik. Musikabende gehören deshalb zum festen Repertoire unterhalb der Benewand und – im mehrjährigen Rhythmus – auch ein Volksmusik-Seminar, das in Zusammenarbeit mit der Wastl-Fanderl-Musikschule in München organisiert wird. Hans möchte damit auch den Nachwuchs fördern – er erinnert sich gut daran, wie durch das Erlebnis einer musikalischen Bildungsreise nach Wien in seiner Jugend seine Motivation enorm gestiegen war. Wenn er heute etwas Muße hat und die Stimmung auf der Hütte danach ist, holt er gerne die Zither oder die Gitarre hervor und gibt eine Kostprobe seines musikalischen Könnens.

Fragt man Hans, was er noch so vorhat und was er sich für die Tutzinger Hütte wünscht, muss er nicht lange nachdenken und berichtet von einem konkreten Projekt: »Ich wünsche mir, dass hier in der Nähe der Hütte eine kleine Kapelle gebaut wird. Die fehlt noch und passt gut her. Sie soll ein Zeichen der Dankbarkeit sein dafür, dass es uns hier oben so gut geht.« Diese Idee hat er schon mit der Sektion Tutzing besprochen. Die Genehmigung ist in die Wege geleitet, und mit dem Bau des Andachtsortes soll demnächst begonnen werden.

Kasspatzn

Für 8 Personen: 250 g Käse (Bergkäse, Emmentaler, Gouda zu gleichen Teilen) * 6–7 Zwiebeln mittlerer Größe * Butterschmalz * 500 g Mehl * 5 Eier * Salz * etwas Öl * etwas Zucker * 200 ml Wasser

1 Die Zwiebeln schälen, in feine Halbringe schneiden und in Butterschmalz bei erst mittlerer, dann kleinerer Hitze dünsten, bis sie kräftig angebräunt sind. Den Käse reiben.

2 Das Mehl in eine größere Schüssel sieben, die Eier einschlagen, Salz, Öl und Zucker zugeben und mit dem Kochlöffel verrühren. Das Wasser in kleinen Mengen in den Teig geben und alles kräftig zu einem Teig verrühren (der Spatznteig hat die richtige Konsistenz, wenn er zähfließend vom Kochlöffel abreißt).

3 Salzwasser in einem großen Topf zum Kochen bringen. Den Teig portionsweise mit dem Spätzlehobel in das kochende Wasser schaben. Einmal aufkochen lassen, bis alle Spatzn an der Oberfläche schwimmen (mit der Gabel durchrühren). Die Spatzn mit dem Schaumlöffel aus dem Wasser heben und in eine gebutterte vorgewärmte Form geben. Etwas Käse darüber geben, salzen und pfeffern, die Form im Ofen bei ca. 150 Grad warm halten. Die nächste Portion Spatzn kochen und abwechselnd Spatzn und geriebenen Käse in die Form schichten. Zum Schluss die gebräunten Zwiebeln darüber verteilen. Nochmals einige Minuten im Ofen ziehen lassen.

Die Kasspatzn mit grünem oder gemischtem Salat und einem frischen Weißbier servieren.

Tipp Hans Mayr kocht die Spatzn in der für einen Tag benötigten Menge vor. Portionsweise wird dann wie folgt zubereitet: Butterschmalz in einer Pfanne erhitzen, Zwiebelringe darin glasig anbräunen. Spatzn darüber geben, salzen und pfeffern und geriebenen Käses darauf verteilen. Je nach Geschmack sofort servieren oder die Spatzn in der Pfanne knusprig anbraten lassen.

Schmandkuchen

Für den Teig: 4 Eier * 100 g Zucker * 1 Päckchen Vanillezucker * 50 g gesiebte Speisestärke * Salz * geriebene Zitronenschale * 50 g Mehl * 60 g Butter * einige Sauerkirschen

Für den Belag: 4 Blatt Gelatine * etwa 5 EL frischer Vanillepudding * 1 kg Schmand * 150 g Zucker

1 Für den Boden Eigelb und Eiweiß trennen, das Eiweiß mit dem Zucker und dem Vanillezucker steif schlagen. Das Eigelb vorsichtig unter den Eischnee heben. Die gesiebte Speisestärke, etwas Salz und die abgeriebene Zitronenschale zum Mehl geben, das Ganze vorsichtig unter die Eimasse rühren. Die Butter bei geringer Hitze verflüssigen und unter den Teig rühren.

2 Den Teig in die Backform geben und einige Sauerkirschen darauf verteilen (sie sinken während des Backens in den Teig ein). Die Backform in den Herd stellen und bei 150 Grad etwa 30 Minuten mit Heißluft backen (Angaben des Herdherstellers beachten). Nach dem Backen den Boden etwas abkühlen lassen.

3 Für den Belag die Gelatineblätter nach Anleitung in etwas Wasser einweichen. Den frisch gekochten Vanillepudding dünn auf dem gebackenen Boden verteilen (damit dieser nicht durchweicht). Den Schmand mit dem Zucker verrühren und die nach Anleitung aufgelöste Gelatine vorsichtig und klümpchenfrei unterrühren. Den Belag auf dem Boden in der Backform verteilen und zum Festwerden kühl stellen. Den Ring der Backform lösen.

Thomas (*1961) und Petra Meyer (*1962)

»Das Leben ist zu kurz, um schlechten Wein zu trinken«, sagte schon Goethe. Warum also nicht auf einer Berghütte exquisiten Beerensaft anbieten, dachten sich Petra und Thomas Meyer, während sie ihre Speisenkarte für die Gufferthütte in den Brandenberger Alpen am Tiroler Achensee entwarfen. Nicht dass es ihnen ums Trinken ging: Bewusstes Genießen in Maßen – auch bei den Getränken – war die Vorgabe der zwei promovierten und erfolgreichen Hüttenwirte, als sie aus dem Business ausstiegen und das Alpenvereinshaus als Pächter übernahmen. Die umliegenden Almerer und einheimischen Bergler danken es ihnen, dass sie regionaltypische Spezialitäten auf hohem, aber nicht abgehobenem Niveau anbieten – mit Sorgfalt ausgewählt und mit Liebe zubereitet.

Die Gufferthütte (1.475 m), DAV-Sektion Kaufering

Adresse	Petra und Thomas Meyer; Aschau 83; A-6234 Brandenberg; Tel.: +43 (0)676/6292404; info@gufferthuette.at; www.gufferthuette.at
Öffnungszeiten	Mitte Mai bis Mitte Oktober
Aufstieg	Köglboden – Filzmoosbach – Ludernalm
Gehzeit/Höhenmeter	2,5 Std., 525 Hm
Anfahrt öffentlich	DB/ÖBB bis Jenbach im Inntal und weiter mit dem Achenseebus bis Achenkirch; alternativ mit der Bayerischen Oberlandbahn bis Bahnhof Tegernsee und dem Regionalbus bis Achenkirch. Dort umsteigen Richtung Steinberg und weiter bis zur Haltestelle Köglboden.
Ausgangspunkt	Parkplatz Köglboden an der Straße Achenkirch-Steinberg
Karte	Alpenvereinskarte BY 14, Mangfallgebirge Süd, 1:25.000
Touren	Halserspitze (1.861 m, 1,5 Std.), Schneidjoch (1.810 m, 1 Std.), Blaubergalm (1.540 m, 2 Std.), Etruskische Inschriften (1.400 m, 3/4 Std.)

Von Geschäftsleuten zu Hüttenwirten

Oben: Die Sektion Kaufering nimmt mit der Gufferthütte neben der Initiative »So schmecken die Berge« auch am Programm »Familienfreundliche Hütte« teil.

Seit der Sommersaison 2012 bewirtschaften Petra und Thomas Meyer mit großer Freude die Gufferthütte. Als Seiteneinsteiger haben sie den Schritt gewagt und sich ihren Lebenstraum verwirklicht. Aus dem ursprünglichen Berufsziel Lehrer wurde bei Petra Meyer nichts, denn nach ihrem Studium der Mathematik und Germanistik begeisterte sie zunächst die Computerlinguistik. Ihr erster Schritt in die Selbstständigkeit war nach einigen Jahren die Gründung eines Start-Up-Unternehmens. Nach einer Reihe von Übernahmen durch andere Firmen wurde das Team immer größer, und so landete sie schließlich in der Produktentwicklung eines der größten IT-Unternehmen. Doch mit der Zeit wurde der Wunsch, etwas ganz anderes und dabei die Berge zum Lebensmittelpunkt zu machen, immer größer. Als leidenschaftliche Hobbyköchin, begeisterte Bergsteigerin und Mountainbikerin war die Bewirtschaftung einer Alpenvereinshütte das erklärte Ziel.

Wie Petra erlernte auch Thomas zunächst einen anderen Beruf. Nach dem Abschluss des Medizinstudiums war er zunächst mehrere Jahre als Arzt in der Chirurgie und später in einer Lungenfachklinik tätig – bis ein Freund auftauchte, der eine Firma für medizinische Forschung gründen wollte und dafür einen Partner suchte, der Arzt war. In der gemeinsam gegründeten Firma war Thomas zwölf Jahre als Geschäftsführer und Wissenschaftler tätig. Da er ebenfalls wie Petra sehr gerne in den Bergen unterwegs war und zudem Handwerk jeder Art zu seinen Hobbys gehörte, kam nach langjähriger Bürotätigkeit auch bei ihm der Wunsch auf, gemeinsam mit seiner Frau eine Hütte zu bewirtschaften.

2011 entdeckten Thomas und Petra Meyer schließlich eine Anzeige auf der Website des Deutschen Alpenvereins: »Hüttenwirt gesucht«. Die Sektion Kaufering suchte einen neuen Wirt für ihre Gufferthütte. Ein paar Tage und Vorstellungsrunden später war die Entscheidung gefallen. In ihrer ersten Saison erneuerte die Sektion die Solaranlage und installierte leistungsfähigere Akkus und Wechselrichter. Petra und Thomas stellten eine Richtantenne für das Mobilfunknetz auf und bauten einen Internetanschluss über Satellit. Gemeinsam mit der Sektion wurde ihnen das Umweltgütesiegel der Alpenvereine verliehen und steigerten sie die Übernachtungszahlen um 70 Prozent. Kurzum: Ihre erste Saison war mehr als erfolgreich.

Genuss regional

»Das Motto der Alpenvereinsinitiative ›So schmecken die Berge‹ trifft unsere Philosophie sehr gut«, sagt Thomas. »Wir würden es allenfalls noch etwas verfeinern zu ›So schmecken unsere Berge‹. Der Gast soll nicht nur schmecken, dass er im Gebirge ist, sondern auch in welchem.«

Oben: Der Guffert (2.194 m) ist mit seinem Doppelgipfel der Namenspatron der Hütte und steht wie ein Wächter in den Brandenberger Alpen.

Käse von der Alm

Eines der schönsten Dinge nach einer Wanderung auf die nahe Halserspitze oder einer Biketour zur Hütte ist eine kräftige Marende (das ist die Tiroler Bezeichnung für eine Brotzeit oder Vesper mit Käse und Speck). Von der Ackernalm kommen dafür der leckere Ziegenhartkäse sowie die gute Almbutter. Die Ackernalm liegt in 1.400 m Höhe im schönen Thierseetal zwischen Bayrischzell und Landl und wartet mit einigen Superlativen auf: höchstgelegene Almkäserei Tirols und modernste und größte Almkäserei Österreichs.

Feine Fleisch- und Wurstwaren

»Wenn man die Metzgerei Maier im Zentrum von Achenkirch betritt, fallen einem sofort die zahlreichen Auszeichnungen auf – Erich Maiers Speck ist vielfach prämiert«, erzählt Thomas Meyer begeistert. Ob er besser hauchdünn aufgeschnitten schmeckt (wie auf dem Guffert-Speckbrot) oder am Stück (wie auf dem Guffert-Speckbrettl), ist letztlich eine Geschmackssache, über die sich vor Ort trefflich philosophieren lässt. Von der Metzgerei Maier stammen aber nicht nur der Speck und die köstlichen Knoblauchwürste, sondern auch das Fleisch. Lediglich beim Schmalz, da sind Thomas und Petra eigen – das machen sie auf der Hütte nach eigenem Rezept selbst.

Eine besondere Spezialität der Gufferthütte sind die Ziegenprodukte. Christoph Mühlegger mit seiner nahe gelegenen »Niederen Alm« versorgt die Hütte mit verschiedenen Ziegenwürsten und einem herrlichen Ziegenfrischkäse in Olivenöl. Eine Auswahl dieser Köstlichkeiten können Gäste auf dem Guffert-Ziegenbrettl probieren. Komplettiert wird das Angebot durch die Lammhauswurst, die für die Hütte aus dem Frasdorfer Chiemgau-Lamm hergestellt wird.

Oben: Viele kleine schmucke Details wie die Holztreppe zur Terrasse tragen zum idyllischen Gesamtbild der Gufferthütte bei.

Getränke von A bis Z

Beim Kaffee verlassen sich Thomas und Petra ganz auf das Können von Sabine Braunegger, die als Kaffee-Sommelière im Zillertal ein exquisites Sortiment an hochwertigen Kaffees zusammenstellt und eigenhändig röstet. Seit 1954 wird bei Braunegger in Kaltenbach im Zillertal Kaffee geröstet. Der Kaffee enthält ausschließlich reine Arabica-Bohnen und wird aus den besten und erlesensten Rohkaffees hergestellt. Das Geheimnis der Mischungen sowie die größtmögliche Sorgfalt bei der hauseigenen Röstung machen diesen Kaffee zu etwas ganz Besonderem. Das ist Kaffeegenuss nach bester österreichischer Tradition. Für einen Kaffee »Ländle« nach Brauneggers Art 1 Kaffeelöffel Rohzucker sowie 2 cl Mischung aus ⅓ Gravensteiner und ⅔ Mokkalikör in eine Schale schwarzen Kaffee geben. Dazu kommt eine Gewürzmischung aus ⅓ Kardamom und ⅔ gemahlenem Zimt. Das Ganze umrühren, mit halb geschlagenem, ungesüßtem Obers (Sahne) aufspritzen, mit Gewürzmischung und Schokoladenspänen garnieren.

Oben: Bayerisch-tirolerische Brotzeiten werden auf der Hütte mit Liebe zum Detail zubereitet und mit Pfiff serviert.

Klosterbrauerei Reutberg

Natürlich bieten Thomas und Petra auch beim Bier und Schnaps regionale, handwerklich hergestellte Schmankerl an. Der Schnaps kommt von der vielfach ausgezeichneten Edelbrennerei Kostenzer in Maurach am Achensee und das Bier von der Klosterbrauerei Reutberg. In traditionellem handwerklichem Verfahren wird das Bier nach dem bayerischen Reinheitsgebot gebraut. Auf der Gufferthütte können durstige Wanderer das erfrischende Helle und das Klosterweißbier direkt vom Fass genießen – natürlich auch als Radler oder Russ. Außerdem wird das Reutberger dunkle Export und das dunkle Weißbier ausgeschenkt.

Kostenzer Edelbrände

Der Falstaff – ein österreichisches Wein- und Gourmetjournal – wählte Franz Kostenzer mit seiner Achenseer Edelbrennerei unter die zwölf besten Destillerien des Jahres 2011. Thomas Meyer findet: »Völlig zu Recht! Franz Kostenzer ist ein Genie an der Brennblase. Bei seinen Edelbränden hat man förmlich das Gefühl, in einen frisch geernteten Obstkorb einzutauchen.« Doch nicht nur Obst, auch Gelbe Rüben und Rote Beten werden zu köstlichen Edelbränden verarbeitet. Ein ganz besonderes Hüttenschmankerl ist der alte Zigarrenbrand, der aus Bockbier gebrannt wird.

Paradies Gufferthütte

Der Zustieg zur Gufferthütte ist nicht zu verfehlen. Vom Parkplatz Köglboden führt eine breite Forststraße erst flach durch den Wald, dann steiler werdend an einem Bach entlang. Für Kinder und alle anderen, die den Blick auf die unmittelbare Umgebung werfen wollen, gibt es am Wegesrand Gumpen und kleine Wasserfälle. Zu guter Letzt verläuft entlang des Oberen Ampels- und Filzmoosbaches ein eindrucksvoller Geo-Lehrpfad. Auf Schildern werden Gesteinsschichten erläutert, die über einen Zeitraum von rund 110 Millionen Jahren während Trias, Jura und Kreide im Erdmittelalter auf dem nordafrikanischen Schelf abgelagert wurden. Im oberen Teil des Anstiegs kürzt ein Waldweg eine große Kehre der Kiesstraße ab, danach geht es über wunderbare Blumenwiesen zur heimelig gelegenen Hütte. Diese befindet sich auf einer Hochebene, die von steilen Bergflanken eingerahmt wird. Sonnige Wiesenflächen und kleinere Baumgruppen breiten sich über das kupierte Gelände aus, und ein Hochmoor sowie viele Bäche komplettieren das Idyll, welches sich hervorragend von der schönen Holzterrasse aus studieren lässt, am besten beim Sonnenuntergang, mit einem Glas Wein in der Hand.

Die edlen Spirituosen sind bekömmlich und erstaunlich »leicht«. Das spricht für Qualität.

Im Wein ist Wahrheit. In vino veritas! (Alkäos, um 600 v.Chr.)

In Vino Veritas

Thomas und Petra Meyer beziehen ihre Weine direkt beim Winzer. Dabei ist ihnen die geografische Vielfalt rund um die Hütte im wahrsten Sinne des Wortes wichtig. Denn die Gufferthütte befindet sich im geografischen Zentrum der angebotenen Hüttenweine: vom Kaiserstuhl im Westen, über Südtirol im Süden und Niederösterreich im Osten. Bei der Auswahl der Weine legten die Meyers besonderen Wert darauf, dass diese mit den Hüttenspeisen harmonieren. Wer fragt, bekommt eine exklusive Beratung, was zum bestellten Gericht passt:

Radoar Etza Müller-Thurgau ist der typische Weißwein des Eisacktals. Er ist aromatisch frisch und passt hervorragend zu Salaten und Nudelgerichten. Grüner Veltliner Kabinett Herbstgold (Weingut Schäffer) ist ein feiner, ausgewogener Veltliner. Würzig und angenehm fruchtig. Passt sehr gut zu den Hüttenbrotzeiten mit Käse oder Speck. Sehr gut auch zu Bärlauchknödeln. Gries Lagrein Riserva (Weinkellerei Nals Margreid): Von alten Rebbeständen in den besten Lagrein-Lagen in Gries bei Bozen kommt der Lagrein Riserva Gries. In kleinen Eichenholzfässern gereift, entwickelt er sein würzig-samtiges Aroma. Ein ganz feiner Wein für den gepflegten Hüttenabend!

Landerer's Spätburgunder Rotwein ist ein typisch badischer Spätburgunder, der eigentlich immer passt. Besonders empfehlenswert zum Speck.

Zillertaler Graukas mit Bärlauchpesto

800 g Zillertaler Graukas * 100 g frischer Bärlauch * 4 g Meersalz * 50 ml gutes Öl * ca. 0,2 l leichte Vinaigrette * 4 Tomaten * 1 TL Sonnenblumenkerne * Zitronensaft * Olivenöl * steirisches Kernöl * 1 rote Zwiebel * 1 TL rote Pfefferkörner

1 Für das Bärlauchpesto den gewaschenen und trocken geschleuderten Bärlauch mit Salz und Öl im Mixer oder in der Moulinette zu einer feinen Masse verarbeiten. Diese Paste lässt sich leicht in größeren Mengen auf Vorrat herstellen. Sie hält sich gut gekühlt und mit Öl bedeckt einige Wochen im Kühlschrank. In diesem Fall kein Olivenöl zur Herstellung verwenden, da es beim Kühlstellen ausgrieselt.

2 Den Graukäse in ca. 1 cm dicke Scheiben schneiden und in 4 tiefen Tellern halbseitig verteilen. Großzügig mit Vinaigrette begießen. Die Tomaten in Scheiben schneiden und neben bzw. auf dem Graukäse anrichten.

3 Das Bärlauchpesto nach Wunsch mit gemahlenen Sonnenblumenkernen mischen und mit Zitronensaft und Olivenöl flüssig rühren und auf den Tomatenscheiben verteilen. Das Kernöl über den Käse träufeln und alles mit Zwiebelringen, roten Pfefferkörnern und Sonnenblumenkernen garnieren. Dazu passt am besten ein frisches Bauernbrot.

Petra Meyers Tipp Der »Graukas« ist eines der ursprünglichsten Nahrungsmittel der Almerer. Butter war früher als Handelsware sehr begehrt und wertvoll. Deshalb wurde Käse damals nur aus der entrahmten Milch produziert. Die Milch wurde so lange stehengelassen, bis sie sauer war und die festen Anteile abgeschöpft und weiter zu Käse verarbeitet wurden. Heute findet der Graukäse in Teilen Tirols und Südtirols eine weite Verbreitung und stellt ein Stück Heimat dar. Der Zillertaler Premium Graukäse zeichnet sich durch seinen weißen Kern aus. Mit null Prozent Fett ist er sehr leicht und erfrischend für den Sommer.

Jeannette Lorenz (*1965)

Auf dem weitläufigen Gebiet der Winklmoosalm oberhalb von Reit im Winkl steht die Traunsteiner Hütte. Das ganze Jahr geöffnet, eignet sich die gemütliche Hütte als Stützpunkt für Ski- und Schneeschuhtouren, für ausgedehnte Wanderungen und Mountainbiketouren oder auch für eine schnelle Spritztour zur Hütteneinkehr. Seit dem Winter 2010 führt Jeannette Lorenz die Hütte der Sektion Traunstein. Mit viel Leidenschaft kümmert sich die gebürtige Mittenwalderin um Haus und Küche und verwöhnt ihre Gäste mit frischer, bodenständiger Kost, möglichst aus regionalen Zutaten, schmackhaft und zu reellen Preisen. Die Qualität hat sich inzwischen herumgesprochen – nicht nur, was den Kaiserschmarrn aus Dinkelmehl angeht, den Jeannette Portion für Portion frisch in der Pfanne zubereitet.

Die Traunsteiner Hütte (1.160 m), DAV-Sektion Traunstein

Adresse	Jeannette Lorenz; Winklmoosalm; Dürrnbachhornweg 14; D-83242 Reit im Winkl; Tel./Fax: +49 (0)8640/8140; www.traunsteiner-huette.de, regelmäßig aktualisierte Facebook-Seite
Öffnungszeiten	Ganzjährig, Mittwoch Ruhetag, Betriebsurlaub beachten
Aufstieg	Seegatterl (763 m) – Traunsteiner Hütte
Gehzeit/Höhenmeter	1,5 Std., 400 Hm
Anfahrt öffentlich	DB bis Prien, Busverbindung über Reit im Winkl zur Haltestelle Seegatterl
Ausgangspunkt	Parkplatz Seegatterl
Karte	Alpenvereinskarte BY 18 Chiemgauer Alpen Mitte Hochgern, Hochfelln, 1:25.000
Touren	Dürrnbachhorn (1.767 m, ca. 1,5 Std.), Übergang zum Straubinger Haus (1.558 m, 4 Std.)

Ein Almkaser als AV-Hütte

Das Hochplateau der Winklmoosalm liegt auf etwa 1.200 Metern Höhe mitten in den Chiemgauer Bergen. Im Winter ist die Heimat der mehrfachen Ski-Olympiasiegerin von 1976, »Gold-Rosi« Mittermaier, ein beliebtes Wintersportziel für Skifahrer, Tourengeher oder Langläufer. Im Sommer bietet die reizvolle Almlandschaft zwischen Dürrnbachhorn und Steinplatte ruhige Bergwälder, sonnige Almwiesen und jede Menge kürzere oder längere Wandertouren mit großartigen Ausblicken auf die Loferer Steinberge.

Neben einigen anderen Gastronomiebetrieben, Häusern und Almhütten liegt die Traunsteiner Hütte auf dem weitläufigen Almgebiet, umgeben von saftig grünen Wiesen – ein ideales Wandergebiet gerade auch für Familien mit Kindern. Besucher können im Sommer von Seegatterl über eine mautpflichtige (5 Euro für Pkw) Bergstraße auf die Hochalm fahren und am besten vom großen Parkplatz in etwa 20 Minuten gemütlich zur Hütte spazieren – sogar die Zufahrt bis direkt vor die Traunsteiner Hütte ist möglich. Wer per pedes aufsteigen möchte, der geht in der warmen Jahreszeit vom Parkplatz Seegatterl auf einer Forststraße zunächst am Campingplatz vorbei und folgt dann rechts dem Weg 111, der durchs Dürrnbachtal bergan zieht und weiter oben auf die Mautstraße trifft. Ihr folgend gelangt man nach etwa eineinhalb Stunden zur Traunsteiner Hütte. Die Alternative vom Campingplatz über die Forststraße (Weg 112) braucht etwas mehr Zeit. Im Winter ist die Mautstraße für Privatverkehr gesperrt. Dann läuft aber die Gondelbahn von Seegatterl, oder man wandert mit Ski oder Schneeschuhen auf die Alm.

Oben: Mit viel Liebe zum Detail: Auf der Traunsteiner Hütte merkt man schnell, dass eine Frau das Sagen als Hüttenwirtin hat.

Dass die Traunsteiner Hütte bis vor Kurzem noch »Traunsteiner Skihütte« hieß, zeigt die ursprüngliche Nutzung des Stützpunktes an. Zu Beginn des 20. Jahrhunderts begann sich der aus Skandinavien »importierte« Skisport auch in den Alpen zu verbreiten. In der schon 1869 gegründeten Alpenvereinssektion Traunstein entstand ebenfalls eine Skiabteilung, die für Training und Touren einen Stützpunkt wollte. Der Blick fiel auf den damaligen »Schusterkaser« auf der Winklmoosalm, eine alte Almhütte, die gepachtet und 1925 erworben wurde. Zunächst einfach erweitert und als Selbstversorgerhütte genutzt, wurde sie mehrfach vergrößert, ab 1941 sehr rustikal bewartet und ab den 1960er-Jahren als bewirtete Hütte geführt.

Ihre Vergangenheit als Almkaser bedeutet für die Sektion Traunstein, dass sie Mitglied der Almgenossenschaft Winkelmoosalm ist und bis heute 22 »Gräserrechte« besitzt, also 22 Stück

Oben: Die Traunsteiner Hütte liegt am Rand der weitläufigen Winklmoosalm. Früher wurde die Hütte selbst als Almgebäude genutzt.

Vieh auf der Alm weiden lassen könnte. Zu erkennen ist der Ursprung als Almhütte nach wie vor auch an der übersichtlichen Größe: Der nette Gastraum mit dem Kachelofen bietet Platz für etwa 40 Gäste, während die Übernachtungskapazitäten auf 25 Personen begrenzt sind, sodass eine Reservierung dringend empfohlen ist.

Nordöstlich der Traunsteiner Hütte erhebt sich deren Hausberg, das Dürrnbachhorn (1.767 m). Die 600 Höhenmeter kann man in etwa eineinhalb bis zwei Stunden über die Dürrnbachalm erwandern – oder man steigt in die Dürrnbachhorn-Nostalgie-Sesselbahn und lässt sich in etwa 20 Minuten bis zum Dürrnbacheck auf 1.610 Meter bringen. Von dort führt ein steiniger Pfad durch Latschen in weiteren 20 Minuten zum Gipfel, der nach Norden steil abbricht und bei klarer Sicht einen lohnenden Blick bis zum Großvenediger erlaubt.

Lang überlegt, schnell entschlossen

Die Traunsteiner Hütte wird seit Mitte Februar 2010 von Jeannette Lorenz aus Mittenwald geführt. Dort ist sie in einem Gastronomiebetrieb aufgewachsen, hat Hotelfachfrau gelernt und dann viele Jahre in einem Metzgereigeschäft gearbeitet. Oft war sie bei Hans-Peter Gallenberger auf der Brunnsteinhütte, mit dem sie immer wieder übers Hüttenwirtleben gesprochen hat, an dem sie zunehmend Gefallen fand. Schließlich bewarb sie sich beim Alpenver-

ein, als die Traunsteiner Hütte neu ausgeschrieben wurde. Und nach einigem Hin und Her kam die Zusage der Sektion. Dann musste es schnell gehen: Innerhalb von vier Wochen löste Jeanette – alleinerziehende Mutter von vier Töchtern – ihren Wohnsitz im Werdenfelser Land auf und organisierte das neue Leben im Chiemgau. Von ihrer ältesten Tochter, von Beruf Köchin, schaute sie sich die noch fehlenden Kochkünste ab. Nun ist sie rund ums Jahr engagierte Hüttenwirtin. An körperliche Arbeit gewohnt, mit handwerklichem Talent und mithilfe einer Bedienung und der zwei jüngsten Töchter schmeißt sie die Traunsteiner Hütte im Sommer wie Winter, bei nur einem Ruhetag am Mittwoch und wenigen Tagen Betriebsurlaub. Die Ganzjahreshütte verlangt einen Rund-um-die-Uhr-Job, und den muss man mit Leidenschaft machen. Jeanette bemerkt dazu: »Man lebt schon für die Hütte. Aber wenn ich morgens die Kids zum Schulbus gebracht habe und bei einem Glas Tee eine Viertelstunde allein auf der Terrasse sitzen kann, mit dem Ausblick auf die Loferer Steinberge und dem schönsten Garten vor der Hütte, dann ist das die 16 Stunden Arbeit am Tag wert.«

Oben: Ideal zum Genießen und Entspannen: Leichte Wanderwege ziehen über die Winklmoosalm, und verloren geht niemand, auch wenn der Weg einmal ausgehen sollte …

Viele Tagesgäste kommen auf die Traunsteiner Hütte, Mountainbiker, Wanderer für ein verlängertes Wochenende, die zum Straubinger Haus weiterziehen oder von dort kommen, Gruppen, die ein Fest feiern – und viele Familien mit Kindern. Denn die Hütte und das Almgelände rundherum sind ausgesprochen familienfreundlich und auch für kleinere Kinder geeignet. Hin und wieder ist eine Kräuterspezialistin vor Ort, die mit den Kindern im Hüttenumfeld auf Kräu-

tersuche geht. Anschließend werden die gesammelten Schätze dann gemeinsam in der Küche verarbeitet, zu Kräutersalz oder in einer Kräutersuppe.

Küchenphilosophie

Jeanette Lorenz achtet auf eine bodenständige, gute Küche und fasst ihre Philosophie so zusammen: »Es muss ein ordentliches Produkt sein, zu einem anständigen Preis. Ich will nichts verkaufen, was mir nicht selbst auch schmeckt. Schließlich sollen sich die Gäste hier wohlfühlen!« Und das tun sie, egal ob als Erst- oder Wiederholungstäter. Dabei sollten sie etwas Muße mitbringen, denn die frisch zubereiteten Gerichte brauchen Zeit. Das gilt für die deftigen Speckpfannkuchen wie für den feinen Kaiserschmarrn, das Aushängeschild ihrer Küche. »Für einen Fernsehbeitrag über Alpenkulinarik im Bayerischen Fernsehen sollte der Kaiserschmarrn aus Dinkelmehl sein. Ich habe es ausprobiert, und nehme seitdem nur noch Dinkelmehl, auch für die Spätzle oder für unsere Kuchen«, erzählt die Hüttenwirtin. Dinkel ist ein naher Verwandter des Weizens, aber anspruchsloser und weniger krankheitsanfällig – und seine Körner enthalten besonders viel Eiweiß. Entscheidend für einen guten Kaiserschmarrn sind auch frische Freilandeier. Die kommen auf der Traunsteiner Hütte vom »Eier Hennes«, dem Langenspacher Hof in Grabenstätt. Dort haben die Hühner genügend Platz zum Picken und Scharren.

Oben: Jeannette Lorenz legt Wert auf hausgemachte Kost und findet zwischendurch sogar Zeit, Traunsteiner-Hütten-Marmelade einzumachen.

Die Milchprodukte bezieht Jeanette Lorenz von Berchtesgadener Land, der Genossenschaftsmolkerei in Piding, und ihr Brot kommt von der Bäckerei Neumair in Reit im Winkl, einem Familienbetrieb in dritter Generation, der noch selbst backt und keine Fertigmischungen verwendet. So schmeckt das Brot auch noch nach einigen Tagen Lagerung.

Besonderen Wert legt Jeanette Lorenz auf die Qualität der Fleisch- und Wurstprodukte: »Ich war 20 Jahre lang im Metzgereigeschäft tätig und kenne die Fleischindustrie. Da will ich genau wissen, wo das Fleisch herkommt und wie es verarbeitet wird«, sagt sie. Ihr Lieferant ist die Metzgerei Gründler in Kössen im Kaiserwinkel. Dort stammen Zutaten für den Leberkäse, den Speck, die Wildwürstel und Wiener von regionalen bäuerlichen Betrieben aus artgerechter Haltung und Fütterung und werden zu hochwertigen Waren verarbeitet. Auch die Leber für die hausgemachten Leberknödel stammt aus Kössen. Doch lieber produziert Jeanette mit ihren Töchtern, was die Natur entsprechend der Jahreszeit bietet: Bärlauchpesto im Frühjahr, Rucolapesto und Erdbeer-Bananen-Marmelade im Sommer. Im Herbst sind dann die Steinpilze auf der Winkelmoosalm dran – für den Steinpilz-Sugo zum feinen Nudelgericht.

Kaiserschmarrn

12 Eier, Größe M * 12 gehäufte EL Dinkelmehl * 12 EL Zucker * etwas Vanillezucker * 640 ml Milch * Butterschmalz * Rosinen * gehobelte Mandeln * 4 EL Butter * etwas Zucker

1 Die Eier trennen. Das Eigelb zum Mehl in eine Schüssel geben, mit dem Zucker, dem Vanillezucker und der Milch nach und nach mit dem Handbesen zu einem nicht zu flüssigen Teig glattrühren.

2 Das Eiweiß mit dem Rührgerät zu einem steifen Eischnee schlagen. Den Eischnee vorsichtig mit einem Kochlöffel unter die Teigmasse heben.

3 Butterschmalz in eine große Pfanne geben und erhitzen. Die Teigmasse in die Pfanne geben (mehrere Zentimeter hoch), je nach Geschmack Rosinen und/oder gehobelte Mandeln einstreuen und bei kleiner Hitze goldbraun anbacken lassen (mit dem Löffel prüfen). Mit zwei Löffeln den Teigfladen in Viertel teilen und jedes Viertel umdrehen. Erneut anbacken lassen. Mit den Löffeln in mittelgroße Stücke reißen. Einen Esslöffel Butter und etwas Zucker zum Schmarrn geben, nochmals kurz durchrühren.

Jede Portion Kaiserschmarrn wird frisch und extra zubereitet. Das Ergebnis schmeckt einfach wunderbar.

4 Den Kaiserschmarrn auf einen Teller geben, Puderzucker darüber streuen. Mit Apfelmus, Apfelkompott oder Zwetschgenkompott servieren.

Speckpfannkuchen mit Dip

32 Scheiben Karrespeck (ohne Fett) * 12 EL Quark * 12 EL Joghurt * 4 EL Sahne * Salz * Pfeffer * 12 EL fein geschnittenen Schnittlauch * 560 ml Milch * 280 g Dinkelmehl * 8 Eier * Muskatnuss

1 Für den Dip Quark, Joghurt und Sahne mischen, sodass eine sämige Dip-Creme entsteht. Mit Salz und Pfeffer abschmecken und den fein geschnittenen Schnittlauch einrühren.

2 Für den Pfannkuchen Milch und Mehl verrühren und kurz stehen lassen. Eier einrühren, mit Salz, Pfeffer und der geriebenen Muskatnuss abschmecken. Die Speckscheiben in einer Pfanne anbraten, den Teig darüber geben, Deckel aufsetzen und wie einen normalen Pfannkuchen von beiden Seiten fertigbacken. Einen großen Teller rundum mit dem Dip bestreichen, den Pfannkuchen auf den Dip betten und sofort servieren.

Frische Freilandeier sind mit entscheidend für die Qualität der Eierspeisen.

Fein geschnittener Schnittlauch verpasst dem Kräuterdip die richtige Würze.

Monika Becht (*1965) und
Alexander Egger (*1964)

»Essen hält Leib und Seele zusammen.« Kommen dann noch freundliche Wirtsleut' und schöne Berge hinzu, dann schwebt der Bayer im Himmel. Und nicht nur der. Alle Besucher der Riesenhütte in den Chiemgauer Alpen bekommen etwas davon ab. Dafür sorgen nicht zuletzt die langjährigen Pächter der urigen Berghütte. In Angriff zu nehmen sind dafür ein dreistündiger Anstieg von Frasdorf oder ein halbstündiger Abstieg vom (Seilbahn)Gipfel Hochries. Die gemütliche Enge der kleinen Gaststube unterstreicht noch einmal: So schmecken die Berge! Echt, ursprünglich und einfach und dadurch eine (Gaumen)Freude. Gäste werden mit regionalen Besonderheiten wie Lammwürsten und eigenem Bergquellwasser verwöhnt. Wer nächtigt, darf sich zudem über herrliche selbst gemachte Marmeladen am Frühstücksbüffet erfreuen.

Die Riesenhütte (1.345 m), DAV-Sektion Oberland

Adresse	Monika Becht und Alexander Egger; Postfach 2; D-83110 Frasdorf; Tel.: +49 (0)8052/2921; m+a@riesenhuette.net; www.riesenhuette.de
Öffnungszeiten	Ganzjährig, Montag und Dienstag Ruhetag, 2–3 Wochen im April/Mai und im November geschlossen
Aufstieg	Frasdorf/Lederstube – Frasdorfer Hütte – Riesenhütte
Gehzeit/Höhenmeter	2,5 Std., 730 Hm
Anfahrt öffentlich	DB bis Aschau, Bus bis Frasdorf
Ausgangspunkt	Parkplatz Lederstube
Karte	Alpenvereinskarte BY 17, Chiemgauer Alpen West, 1:25.000
Touren	Riesenberg (1.450 m, ¾ Std.), Klausenhütte (1.508 m, 2 Std., geschlossen), Spitzsteinhaus (1.252 m, 3,5 Std.), Hochrieshaus (1.568 m, ¾ Std.), Predigtstuhl (1.491 m, ¾ Std.)

Hüttenzustieg und -abfahrt

Hüttenzustiege zur Riesenhütte gibt es mehrere: Von Frasdorf ab dem Parkplatz Lederstube an der Frasdorfer Hütte vorbei geht es in circa zwei Stunden auf einem breiten Forstweg hinauf. Von Aschau steigt man ab dem Parkplatz Festhalle Hohenaschau in circa zweieinhalb Stunden über die Hofalm auf einem schattigen Pfad (im Winter nicht geeignet) hinauf. Von Grainbach nimmt man vom Parkplatz Hochriesbahn den Sessellift bis zur Mittelstation und fährt mit der Kabinenbahn weiter zur Bergstation, von dort folgen circa 40 Minuten Abstieg.

Im Winter kann man von der Riesenhütte auf einer neu präparierten, zwei Meter breiten Piste auf einer sieben Kilometer langen Rodelbahn 700 Höhenmeter ins Tal sausen. Die Abfahrt ist sehr lohnend, hat eher gemütlichen Charakter und ist deshalb auch für Kinder gut geeignet. Schlitten nicht vergessen! Von der Riesenhütte 30 Min. zur Frasdorfer Hütte, von dort 20 Min. Abfahrt zum Parkplatz Lederstube.

Oben: Durch diese Türe muss man gehen, um die Riesenhütte zu sehen. Klein, urig und gemütlich geht's innen einher.

Koch aus Leidenschaft

»Ein Wirt gehört in die Küche und nicht in den Wald!«, sagt Alexander Egger, der Hüttenwirt der Riesenhütte. Gesagt, getan, und so geht der gebürtige Österreicher aus der Steiermark seinem Lehrberuf Koch mit Leidenschaft nach. Zusammen mit seiner Frau Monika Becht, einer Kindergärtnerin aus dem nahen München, hat er seit 2008 die urige, holzvertäfelte Hütte von der Sektion Oberland gepachtet und setzt ihr seinen kulinarischen Stempel auf. Zugutekommt ihm seine weitreichende Erfahrung in der Gastronomie, die von Norwegens Küche über die Münchener Esskultur bis hin zu einem Restaurant eines großen Kreuzfahrtschiffs auf hoher See reicht. Mit starkem Seegang haben sie in den Bergen nicht zu kämpfen, aber mit all den Herausforderungen, die ein altehrwürdiges Haus wie die kleine Riesenhütte zu meistern hat. Neben der Verköstigung der Gäste müssen sich die engagierten Hüttenwirte auch um den Zugang zur Hütte – vor allem im Winter –, diverse kleine Reparaturen, den Nächtigungstrakt und die allgemeine Hauswirtschaft kümmern. Und trotzdem: Eine Schnellküche mit Fast Food käme Alexander nie in den Sinn. Im Gegenteil: Natürliche Qualität und die persönliche Note sind ihm wichtig und so »verwehrt er sich gegen alles Unnatürliche auf dem Teller«.

Oben: Wie anno dazumal. Die Kreidetafel sagt, was ansteht und was es gibt.

Standardkarte und Kreidetafel

Wer mit kräftigem Wanderhunger auf der Hütte ankommt, der kann sein Essen und Trinken von einer jährlich neu zusammengestellten Standardkarte und einer saisonal gepflegten Speisenauswahl auf einer Kreidetafel auswählen. Da in den Bergen der Appetit meistens herzhaft und zünftig ausfällt, ist die Nachfrage nach den Brotzeiten recht groß. Ein frischer bayerischer Wurstsalat – auf Nachfrage auch schweizerisch mit Käse –, und die hausgemachten Chiemgauer Lammwürstel sind zwei »Renner«. Gerade die Lammwürste mit Sauerkraut sind sehr empfehlenswert. Diese werden vom Metzger Johann Bauer in Frasdorf hergestellt. Hinein kommen Lammfleisch und Gewürze, und damit es nicht zu sehr »schafelt«, auch etwas Rind. Die Lämmer sind vom Mesnerhof bei Frasdorf und werden in der Metzgerei selbst geschlachtet. Das ist ein Schlüssel zum Erfolg: Die Metzgerei Bauer verwendet für ihre Schmankerl ausschließlich Fleisch aus der hauseigenen Schlachtung. Die Tiere hierfür werden nur aus dem Bestand der umliegenden Bauernhöfe bezogen. Alexander bietet davon auch gebratenes Lammragout oder gekochtes Lammgulasch an, ganz nach dem Motto: »Qualität aus der Region für die Region.« Und eben nur auf der Kreidetafel, wenn die Zutaten frisch vorrätig sind.

Wer es warm braucht, der kann sich eine Kaspressknödelsuppe mit Schinkenspeck oder die vegetarische Kartoffelsuppe schmecken lassen. Abgeschmeckt werden die Suppen mit ernte-

Oben: Als früher das Holz in den Bergen geschlagen wurde, gab es noch keine Güterwege, um die Stämme ins Tal zu bringen. Deshalb wurde in den steilen Berghang oberhalb von Schwarzenberg eine Schneise geschlagen, in der das Holz zu Tal rutschen konnte. Eine solche Holzschneise wurde »Ries« genannt, später ist daraus der Riesenberg geworden und damit hatte auch die Riesenhütte ihren Namen.

frischen Kräutern, die direkt vor der Hütte in der Kräuterspirale wachsen. Eingefrorene Küchenkräuter gibt es also nicht, nicht zuletzt aber auch deshalb, weil es in der Küche gar keine Gefriertruhe gibt. Das ist freilich für einen Koch ein Nachteil. Auf der anderen Seite ein Garant dafür, dass alles frisch auf den Tisch kommt. Dies wiederum funktioniert nur, wenn alle Zutaten schnell, man könnte auch sagen direkt besorgt werden können. Und hierfür hat Alexander in der Region Rosenheim eine große Auswahl an regionalen Hofläden, Bauernmärkten und Verkäufern zur Verfügung. Die Eier für den Kaiserschmarrn sind Chiemgauer Freilandeier vom Langenspacher Hof bei Traunstein. Dort haben die Tiere freien Auslauf auf weiträumigen, grünen Wiesen mit genügend Platz zum Scharren.

Bergquell- und andere Wasser

Frisches Quellwasser direkt aus dem Berg ist etwas ganz Feines: Man spürt die besondere Frische beim Trinken. Quellwasser muss seinen Ursprung in einem unterirdischen Wasservorkommen haben. Es darf nur in unmittelbarer Nähe der Quelle abgefüllt werden. Die Riesenhütte hat das Glück, dass sie an eine dieser unterirdischen Wasservorkommen angebunden ist. Dieses Bergquellwasser kann es mit seinen Inhaltsstoffen mit so manchem Mineralwasser aufnehmen, wie Alexander Egger nach der wissenschaftlichen Analyse seines »Hauswassers« weiß. Deswegen hat er beschlossen, anstatt Mineralwasser über Hunderte von Kilometern per

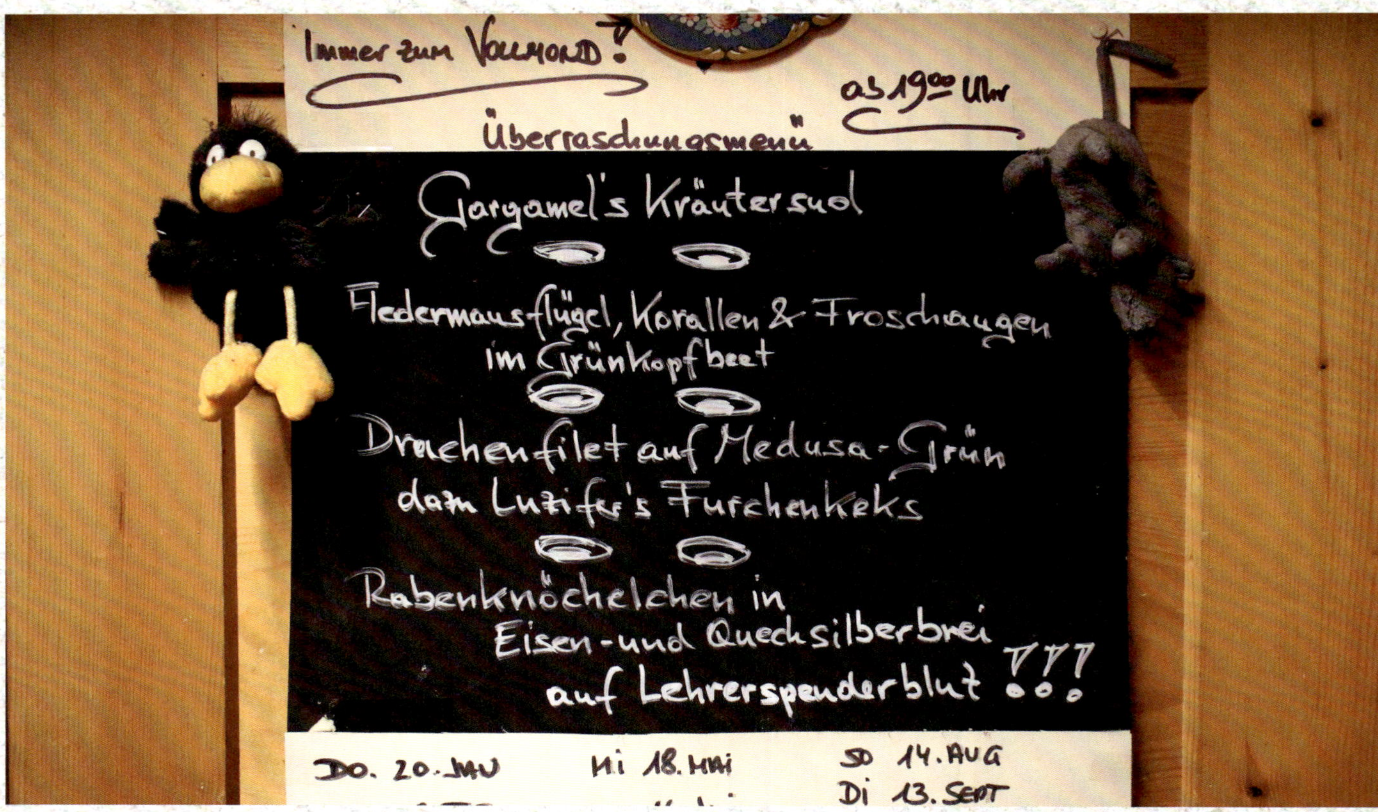

Oben: Bei wolkenfreiem Vollmondhimmel könnte man sogar bei Dunkelheit gemütlich die Forststraße zur Hütte auf- und absteigen, wäre da nicht die Promillegrenze.

Lkw anliefern zu lassen, nur noch das eigene Bergquellwasser auszuschenken – und zwar in eigenen Flaschen mit eigenem Etikett.

»Auch Wasser wird zum edlen Tropfen, mischt man es mit Malz und Hopfen«, besagt ein altes Sprichwort über Bier. Auf der Hütte wird Wieninger ausgeschenkt. Die Heimat der mittelständischen Privatbrauerei ist Teisendorf im Berchtesgadener Land. Begehrt ist das Hefe Weißbier, eine altbayerische Weißbierspezialität mit feiner Hefe aus eigener Reinzucht. Der Geschmack ist vollmundig, das Aroma fruchtig mit Anklängen an Banane und Pfirsich. Velosportler werden das Radler bevorzugen, welches mit echtem Zitronen- und Orangensaft vermischt wird.

Vollmondmenü

Wer das besondere Hüttenerlebnis sucht, der wird beim Vollmondmenü seine wahre Freude haben. Einmal im Monat bietet Alexander Egger all seine Kochkunst auf und zaubert ein Fünf-Gänge-Menü vom Feinsten für circa 40 Personen auf die Stubentische. Reservieren ist hierfür unbedingt nötig, so begehrt ist mittlerweile dieser Höhepunkt, der als gehobene (Berg)Küche gewertet werden kann. Ochs im Heu, Weißbier-Tiramisu, selbst gemachtes Basilikum-Eis, Rot- und Weißweine lassen keine Wünsche offen. Nur einen wolkenfreien Vollmondhimmel können Alexander und Monika nicht garantieren.

Bieramisu

2 Eier * ¼ l Dunkelbier * 50 g Zucker * 200 g Mascarino * 100 g gehackte Walnüsse * 10–20 Biskotten * 4 cl Whiskey * Kakaopulver

1 Die Eier mit dem Zucker schaumig rühren, Mascarino und Walnüsse unterheben.

2 Die Biskotten kurz in einem Gemisch aus Dunkelbier und Whiskey tränken und schichtweise mit der Creme in einer Schüssel anrichten.

3 Mit Kakaopulver bestreuen und 2–3 Stunden ziehen lassen. Bieramisu ist wegen der Nüsse schneller fest als normales Tiramisu und muss also nicht über Nacht stehen.

Tipp von Hüttenwirt Alexander Egger

Die Schüssel mit Frischhaltefolie auslegen, dann kann man das fertige Bieramisu mit der Folie herausheben und einfacher schneiden.

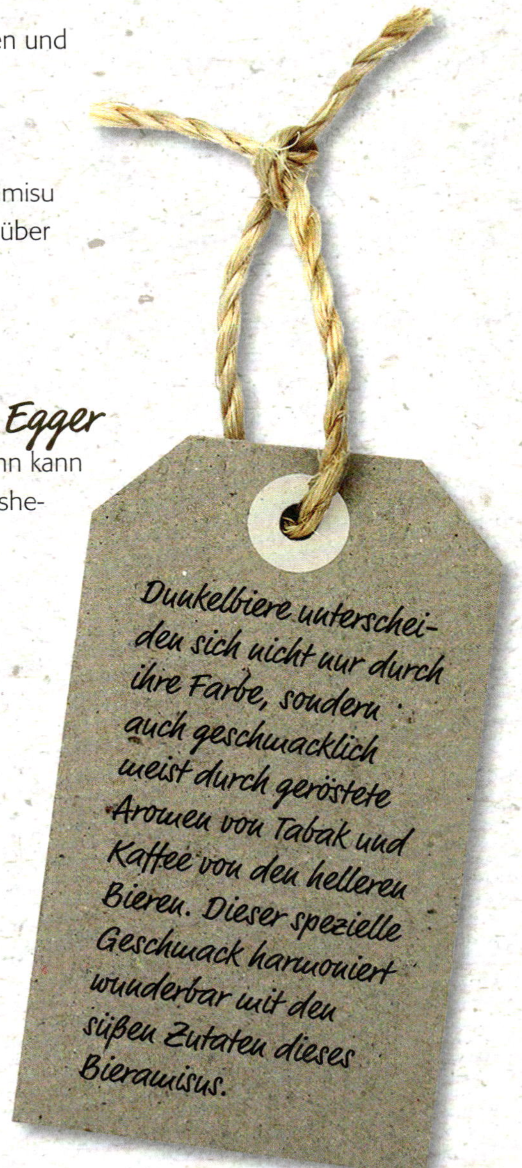

Ochs im Heu

1 kg Rumpsteak am Stück vom Weideochsen; mit Fettdeckel * Salz * Pfeffer * 3 EL Öl * 100 g Bio-Almwiesenheu (Bio-Markt) * 10 Stiele Thymian * ½ Bund Kerbel * ½ Bund Pimpinelle * ca. 20–30 g frische Blüten (z. B. Gänseblümchen, Buchweizenblüten, Salbeiblüten, Schnittknoblauchblüten, Anchusa Blüten).

1 Den Fettdeckel vom Fleisch kreuzweise einschneiden, dabei aber nicht in das Fleisch schneiden. Fleisch von beiden Seiten mit Salz und Pfeffer würzen. Öl in einem Bräter oder einer Pfanne erhitzen. Fleisch rundum anbraten, anschließend herausnehmen.

2 Heu mit Kräutern und Blüten mischen. Mit der Hälfte einen Bräter auslegen. Fleisch darauf legen und mit der restlichen Heumischung bedecken. Bräter vollständig mit Alufolie verschließen. Im vorgeheizten Ofen bei 160 Grad auf der untersten Schiene 80 Minuten garen.

3 Aus dem Ofen nehmen und zehn Minuten ruhen lassen. Fleisch in Scheiben schneiden und servieren. Das Heu gibt beim Braten sein Aroma ab – und wird nicht mitgegessen. Dazu passen Bratkartoffeln und eine Joghurt-Kräuter-Sauce.

DAV

Zur Sonnenseite ausgerichtet, mit herrlicher Aussicht auf das Kaisergebirge, lockt das Spitzsteinhaus auf den Bergzug zwischen Inntal und Priental. Seine bevorzugte Lage in nur gut 1.200 Metern Höhe macht das Berghaus rund ums Jahr zu einem lohnenden Tourenziel. Dort oben die vier Jahreszeiten zu erleben, begeistert Carmen Krämer, seit sie 2011 das Berghaus der DAV-Sektion Bergfreunde München übernommen hat. Hier kann die erfahrene Hütten-Gastronomin erstmals in eigener Regie ihrer Leidenschaft fürs Leben in den Bergen nachkommen und ihren Gästen bieten, was sie sich auch selbst wünscht – hausgemachte Kost von hoher Qualität, bodenständig und an die Jahreszeiten angepasst: im Sommer etwa feine Knödelspezialitäten und im Winter kräftige Suppen und Eintöpfe.

Das Spitzsteinhaus (1.252 m), DAV-Sektion Bergfreunde München

Adresse	Carmen Krämer; Almen 47; A-6343 Erl; Tel.: +43 (0)5373/8330; info@spitzsteinhaus.de; www.spitzsteinhaus.de
Öffnungszeiten	Ganzjährig, kein Ruhetag, im Winter witterungsbedingte Schließungen möglich
Aufstieg	Sachrang – Mesneralm – Spitzsteinhaus
Gehzeit/Höhenmeter	1,5 Std., 520 Hm
Anfahrt öffentlich	DB bis Aschau, Busverbindung nach Sachrang
Ausgangspunkt	Sachrang, einige Parkplätze im Ort (z. B. Kirche)
Karte	Alpenvereinskarte BY 17, Chiemgauer Alpen West, Hochries, Geigelstein, 1:25.000
Touren	Spitzstein (1.568 m, 45 Min.), Höhenwanderung (4 Std.) über den Klausenberg (1.554 m) zur Riesenhütte (1.346 m) und weiter zur Hochries (1.569 m)

Chiemgauer Berghaus mit Paradeblick

Das »Spitzstoa-Haus«, wie es die Einheimischen nennen, erinnert mit seinem klassischen Satteldach und den verputzten, teilweise mit Holz verkleideten Mauern und der süd- wie ostseitig umlaufenden Terrasse eher an einen Alpengasthof als an eine Bergsteigerhütte. Der heutige Bau stammt aus den 1980er-Jahren und wurde damals innerhalb von 18 Monaten errichtet, nachdem die aufs Jahr 1904 zurückgehende Vorgängerhütte mitten im Winter, am 13. Januar 1980, bis auf die Grundmauern abgebrannt war. So verwundert es nicht, dass der gemütliche Gastraum im originalen Achtzigerjahreflair glänzt, mit viel Holz, großen Tischen und einem gemütlichen Kachelofen neben dem Stammtisch. Die Münchner Stube im Nebenraum bietet weitere Sitzplätze und – dank ihrer großen Fensterfront im erkerartigen Vorbau – gute Sicht, wenn es draußen auf der Terrasse zu kühl sein sollte.

Die Chiemgauer Traditionshütte auf ihrem Paradeplatz liegt auf Tiroler Boden und ist vom Inn- und Priental aus zugänglich, vom österreichischen, für seine Passionsspiele bekannten kleinen Ort Erl und vom bayerischen Bilderbuchdorf Sachrang. Von Letzterem erreicht man das Spitzsteinhaus in einer etwa zweistündigen entspannten Wanderung. Über die österreichische Seite geht es schneller und bequemer, indem man ziemlich weit den Erlerberg hinauffährt, bis zum Parkplatz vor dem Gasthaus Moosbauer oder noch weiter bis zum gebührenpflichtigen Parkplatz an der Goglalm. Dann ist es nur noch etwa eine beziehungsweise eine halbe Stunde Fußweg bis zur Hütte.

Oben: Das Spitzsteinhaus lohnt den Besuch das ganze Jahr über. Im Winter finden Skitourengeher und Schneeschuhgeher rund um die Hütte ein attraktives Tourengelände vor.

Von der Erler Seite fahren die Lieferanten und die Hüttenwirtin Carmen Krämer zu, wenn sie ihre Einkäufe zur Hütte bringt. Wobei es im Hochwinter schon einmal vorkommt, dass das »Schneewiesel« das letzte Wegstück nicht räumen kann. Dann bleibt der resoluten Frau nichts anderes übrig, als den Rucksack vollzupacken und die letzten 20 Minuten durch den Schnee hinaufzustapfen. Das macht ihr aber nichts aus, wie sie sagt. Im Gegenteil: Sie nimmt Herausforderungen gerne an. Das hat sie in den letzten 13 Jahren mehrmals bewiesen, seit sie ihren Beruf als gelernte Bürokauffrau in München an den Nagel gehängt hat und auf Chiemgauer Berghütten arbeitet: zuerst auf der heute leider geschlossenen Klausenhütte, dann lange Jahre auf dem Hochgernhaus und nebenbei auch auf einigen Almen. Seit Mitte 2011 ist sie ihre eigene Hüttenwirtin und die gute Seele auf dem Spitzsteinhaus. Inzwischen ist die aus Brasilien stammende und seit ihrem vierten Lebensjahr in Deutschland lebende Bayerin in der Region längst keine Unbekannte mehr. Viele Stammgäste schätzen Carmens unaufgeregt-sympathische Art und ihren Elan, mit dem sie ihre Aufgaben anpackt.

Oben: Weiß überzuckert erscheinen die Felsgipfel des Wilden Kaisers erhaben und unzugänglich – vom Spitzsteinhaus hat man sie dennoch gut im Blick.

Zwei Jahre bevor Carmen als Wirtin aufs Spitzsteinhaus zog, übernahm die kleine DAV-Sektion Bergfreunde München das Berghaus von der noch kleineren Sektion Spitzstein. Seitdem kümmern sich die neuen Eigentümer engagiert darum, ihre Berg-Immobilie Zug um Zug zu modernisieren. Dass dies eine größere Herausforderung ist und noch länger dauern könnte, machte im Sommer 2012 der Besuch der zuständigen Bezirkshauptmannschaft Kufstein klar, als sechs Mann aufs Haus kamen und die behördlichen Vorgaben und Verordnungen vor Ort überprüften. Die Begehung wird weitere Sanierungsarbeiten zur Folge haben.

Feine Kost aus Carmens Küche

Carmens Steckenpferd ist die Kochkunst. Und deren Ergebnis muss stimmen. Ob sie in den ruhigeren Wochen des Jahres selbst am Herd ihrer kleinen Küche steht oder ob in der Hochsaison ein Koch diesen Part übernimmt, das ist egal: Carmen legt höchsten Wert darauf, dass die Speisen frisch zubereitet und komplett hausgemacht sind. Basis sind einwandfreie Zutaten, ohne Fertigprodukte oder Konservierungsstoffe. Dies gilt für die leichtere Kost im Sommer mit den beliebten hausgemachten Knödelspezialitäten – die Renner sind Carmens lockerluftige Spinatknödel in brauner Butter – wie für den Winter mit herzhaften Suppen und deftigen Eintöpfen, von der Minestrone über die Speckknödel- und Gulaschsuppe bis zum raffiniert abgeschmeckten Linseneintopf.

Die Schmankerlküche auf dem Spitzsteinhaus bietet gschmackige Jausen wie Saure Wurst oder ein üppiges Speck- oder Kasbrettl. Auch typische Tiroler und bayerische Gerichte wie Geselchtes, Schweinsbraten, Gulasch vom Almochsen oder Hirsch und Kasspatzl stehen je nach Jahreszeit auf der wechselnden Speisekarte. Dazu schmeckt ein frisch gezapftes Rosenheimer Bier oder ein gespritzter Hollersaft – den Sirup dafür bezieht Carmen von einer Bäuerin aus Niederndorf. Zum Nachtisch lockt hausgebackener Kuchen wie der feine Nusskuchen oder der »Süße Traum am Spitzsteinhaus« – ein delikater Kaiserschmarrn frisch aus der Pfanne. Und als passender Abschluss der Mahlzeit empfiehlt sich ein aromatischer Mölltaler Zirmschnaps. Der junge Schnapsbrenner Martin Geishauser aus Großkirchheim am Großglockner mit Niederlassung in Stephanskirchen bei Rosenheim produziert diesen edlen Tropen.

Bereits unter den Wirtsvorgängern war das Spitzsteinhaus für seine gute Gastronomie bekannt und machte bei der Kampagne »So schmecken die Berge« mit. Carmen Krämer führt die Initiative aus Überzeugung fort und achtet darauf, einen Großteil der verwendeten Lebensmittel aus der Region zu beziehen. »Ich will für mich selbst gute Qualität haben, und diese Qualität biete ich auch meinen Gästen«, lautet ihr Credo. »Besonders das Fleisch muss frisch und hochwertig sein. Ich bekomme es von Bauern aus der Region, aus Niederndorf zum Beispiel, das Lammfleisch von einem Nussdorfer Schaferer, und Jäger liefern mir immer wieder frisches Wild.« Die Dorfbäckerei in Erl backt spezielle Laiberl vom würzigen »Spitzsteiner Brot«

Oben: Nach der Skitour zum Spitzsteingipfel lockt die gemütliche Einkehr im Spitzsteinhaus – und der süßlich-harzige, nach Berg schmeckende Mölltaler Zirmschnaps.

Oben: Ob Kaspressknödel mit Salatbeilage oder frisch gebackener Kaiserschmarrn – auf dem Spitzsteinhaus passt die Küche, egal ob deftig oder süß.

und setzt dafür den Teig eigens an. Wer möchte, kann im kleinen Café der Traditionsbäckerei die Güte der Backwaren selbst probieren.

Auf Qualität und Umweltbewusstsein setzt auch die Käserei Plangger, deren Milchprodukte auf dem Spitzsteinhaus zu verkosten sind. Der Familienbetrieb aus Durchholzen bei Walchsee gehört dem österreichischen Bio-Verband »Bio Austria« an und stellt seine Bioheumilch-Käsespezialitäten aus silofreier Heumilch her. Ähnlich hochwertig ist der Speck von Speck Mayer aus Ebbs. Er schmeckt besonders gut, wenn man ihn auf der Terrasse sitzend mit Tiefblick aufs Inntal verspeist. Hier draußen genießt auch Hüttenwirtin Carmen die Ruhe hoch oben über dem Trubel unten im Tal: »Ich werde nix anderes mehr machen als Hüttenwirtin. Da stehe ich voll dahinter!«, sagt sie mit einem breiten Grinsen.

Das Wertvolle liegt so nahe

Das Spitzsteinhaus profitiert von seiner Nähe zur »Genussregion Untere Schranne«, bei der einige wichtige Lieferanten Mitglied sind. So bezeichnet sich das regionale Netzwerk, das von Kufstein innabwärts bis Erl reicht und als »Untere Schranne« schon in Geschichtsbüchern auftaucht. Landwirte, Gasthöfe, Verarbeiter, Wiederverkäufer und Naturverbundene bilden dieses Netzwerk mit dem Ziel, hochwertige regionale Erzeugnisse zu fördern und der ansässigen

Bevölkerung sowie deren Gästen nahezubringen – und dabei die ressourcenschonende Vermarktung, den intensiven Erfahrungsaustausch und den persönlichen Kontakt zwischen Produzenten und Abnehmern in den Vordergrund zu stellen.

Der Begriff »Schranne« geht auf »Schranke« (= Gerichtsbezirk) zurück und meint im heutigen Sinn die Bank zum Anbieten von Waren. Die »Genussregion Untere Schranne« ist also ein »Markttisch« für authentische Produkte von hoher Qualität, die einem selbst auferlegten Reinheitsgebot folgen. Transparenz und Nachhaltigkeit bei Produktherkunft, Herstellungsprozess, Logistik und Arbeitsbedingungen stehen im Mittelpunkt dieses regional verwurzelten Wirtschaftskreislaufes.

Regionalität und Naturnähe liegen auch bei den Verbrauchern im Trend, und vielen Haushalten ist es heute wichtig, biologische beziehungsweise naturnahe Lebensmittel zu konsumieren, besonders wenn sie regionalen Ursprungs sind. Dabei ist es häufig ein Problem, über das Angebot regionaler Produzenten informiert zu werden und zu wissen, wo in der Region heimische Produkte zu beziehen sind. Immer stärker im Kommen ist deshalb der Lieferservice für regionale Produkte direkt nach Hause. Und was die Untere Schranne als »Genusskiste« für ihre Kunden sammelt und wöchentlich ausliefert, das bieten inzwischen auch viele andere regionale Zusammenschlüsse an, die man im Internet finden kann.

Oben: Stammgäste erzählen sich bei einem süffigen Weißbier das Neueste aus der Gegend, und wenn die Stimmung passt, ist die Gitarre nicht weit.

Linseneintopf

500 g braune Linsen * 350 g roh geräuchertes Wammerl (Bauchspeck) * 2 EL Öl * 3 EL Tomatenmark * ⅛ l Weißwein * 1 ½ l Wasser und entsprechende Menge Fleischbrühextrakt (oder selbst angesetzte Fleischbrühe) * 300 g Karotten * 300 g Sellerie * 300 g Lauch * Pfeffer * Salz * Kreuzkümmel * 2 Lorbeerblätter

1 Die über Nacht in Wasser eingelegten Linsen abgießen und kurz abbrausen. Das Wammerl in kleine Würfel schneiden. Das Öl in einem großen Topf erhitzen und den Speck darin andünsten. Das Tomatenmark dazugeben, kurz anschwitzen lassen und mit dem Weißwein aufgießen. Die Linsen in den Topf geben, mit dem Wasser und dem Fleischbrühextrakt aufgießen.

2 Das Gemüse in kleine Würfel schneiden, in den Topf geben und aufkochen. Mit den Gewürzen abschmecken und etwa 2 Stunden köcheln lassen.

Im Winter sind deftige Eintöpfe beliebt. Den Linseneintopf verfeinert ein Schuss Essig.

Frische Zutaten gehören für Carmen Krämer einfach dazu. Sie steht gerne selbst am Herd.

Feiner Nusskuchen

500 g gemahlene Haselnüsse * 250 g Butter * 300 g Zucker * 8 Eier * etwas Rum * 100 g Mehl * 1 Päckchen Backpulver

1 Zutaten mit gleicher Temperatur bereitstellen. Die Backform (z. B. Frankfurter Kranzform) mit Butter auspinseln, ggf. mit Mehl oder feinen Semmelbröseln ausstäuben.

2 Die weiche Butter in einer ausreichend großen Schüssel mit dem Rührgerät schaumig schlagen. Den Zucker darin unter Rühren auflösen. Die Eier aufschlagen, Eigelb und Eiweiß trennen. Das Eigelb zur aufgeschlagenen Butter geben, etwas Rum hinzuträufeln und dick und goldgelb aufschlagen.

3 Das Mehl mit dem Backpulver mischen, in die Schüssel sieben und kurz mit dem Rührgerät untermischen. Die gemahlenen Haselnüsse hinzugeben und unterrühren. Das Eiweiß steif schlagen und vorsichtig unter den Teig heben.

4 Den Teig in die Backform geben. Bei 175 Grad etwa 75 Minuten im vorgeheizten Herd backen (Backempfehlungen des Herdherstellers beachten). Den fertigen Kuchen abkühlen lassen, auf eine Platte stürzen. Mit Schokoglasur bestreichen.

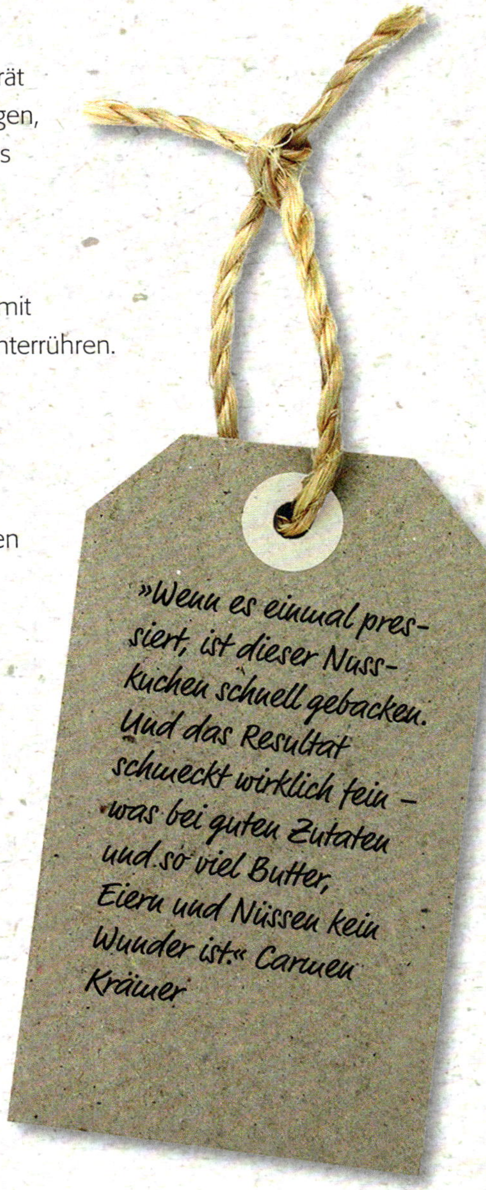

*Sepp (*1954) und Regina König (*1957)*

Seit über 100 Jahren schaut das **Purtschellerhaus** vom »Eckerfirst« am Fuß des Hohen Göll aufs Tal der Salzach und steht dabei zu **einem Drittel in Bayern** und zu **zwei Dritteln im Salzburger Land** – die Grenze geht genau durch die Küche. 2007 erfüllten sich Regina und Sepp König mit der Übernahme des Schutzhauses der DAV-Sektion Sonneberg einen Lebenstraum. Seitdem sind die bodenständigen Quereinsteiger mit großem Engagement bei der Sache: Als gelernter Elektriker kümmert sich Sepp um die Versorgung und Hüttentechnik, während Regina ihrer Leidenschaft fürs Kochen nachgeht. Sie zaubert **deftige Schmankerl** wie die ausgezeichneten Kaspressknödel oder die beliebten Rindsrouladen, aber auch süße Speisen wie Kaiserschmarrn oder Powidl-Bavesen.

Das Purtschellerhaus (1.692 m), DAV-Sektion Sonneberg

Adresse	Sepp König; Purtschellerstraße 1; D-83417 Berchtesgaden; Tel.: +49 (0)8652/2420; www.purtscheller-haus.de
Öffnungszeiten	Mai bis Mitte Oktober
Aufstieg	Roßfeldstraße/Ahornkaser – Eckersattel – Eckerfirst – Purtscheller Haus
Gehzeit/Höhenmeter	45 Min., 172 Hm
Anfahrt öffentlich	DB bis Berchtesgaden, Busverbindung 848 zum Roßfeld, bis Haltestelle Hennenköpfl (30 Min. zum Ahornkaser)
Ausgangspunkt	Berchtesgaden, Roßfeldstraße, Parkplatz Ahornkaser
Karte	Alpenvereinskarte BY 22, Berchtesgaden/Untersberg, 1:25.000
Touren	Hoher Göll (2.522 m, 2,5 – 3 Std., schwer)

Hütte auf der Grenze

Der Aufstieg zum Purtschellerhaus dauert keine Stunde, ist leicht und beginnt am Parkplatz Ahornkaser an der mautpflichtigen Roßfeldstraße oberhalb Berchtesgaden. Nach dem kurzen Abstieg zum Eckersattel hat man die Wahl zwischen dem »bayerischen« und dem »österreichischen« Weg. Ersterer zieht entlang des Grenzverlaufes direkt am Kamm steil durch den Wald empor zum Eckerfirst und wurde vor wenigen Jahren im unteren Drittel mit einer über 500 Stufen zählenden Holztreppe saniert. Letzterer holt zu einer Schleife in den Osthang des Eckerfirst aus und windet sich dann in einigen Kehren zur Hütte. Am besten steigt man über die eine Variante auf und nimmt die andere im Abstieg. Auf beiden Wegen zur Hütte beeindruckt der gewaltige Felsriegel hinter dem Purtschellerhaus. Der Hohe Göll ist einer der großen Berchtesgadener Gipfel, dessen anspruchsvoller Normalweg gleich hinter der Hütte beginnt und der Kletterfertigkeiten bis zum 2. Grad abverlangt.

Oben: Die Vertäfelung mit robusten und wetterbeständigen Holzschindeln schützt das Purtscheller Haus seit über hundert Jahren.

Ursprünglich war das Göll-Massiv Arbeitsgebiet der Alpenvereinssektion Salzburg, die den Bau eines Unterkunftshauses aber der Sektion Sonneberg überließ. Die benannte ihre im Juli 1900 eröffnete Hütte nach dem kurz zuvor verstorbenen berühmten Alpinisten Ludwig Purtscheller, unter anderem Erstbesteiger des Kilimandscharo, der den Bau des Hauses unterstützt hatte. Seit dem Anbau im Jahr 1909 hat sich das reizvolle Äußere des Purtschellerhauses kaum verändert. Die Hüttentechnik allerdings wurde den ökologischen Erfordernissen angepasst.

Der kuriosen Lage auf der Grenze zwischen Deutschland und Österreich verdankte das Purtschellerhaus nach dem Zweiten Weltkrieg einen Besucherboom. Da die Alliierten damals keinen Grenzverkehr zwischen beiden Ländern gestatteten, konnten sich Freunde und Verwandte von hüben und drüben nur hier oben treffen – 1947 zählte das Purtschellerhaus sage und schreibe 17.000 Übernachtungen. Heute sind die Nächtigungszahlen viel niedriger. Hüttenwirt Sepp König bemerkt, dass sie allein von den Bergsteigern auf den Hohen Göll nicht leben könnten, und seine Frau Regina ergänzt, dass viele Gäste wegen des Essens zu ihnen heraufkämen: »Da muss ma schaun, das wos Gscheid's aufn Tisch bringst!«, sagt sie in breitem Bayerisch. Etwa achtzig Prozent der Besucher kommen als Tagesgäste. Sie finden in der gemütlichen holzvertäfelten Gaststube oder auf den geräumigen Terrassen Platz, blinzeln auf der österreichischen Seite in die Morgensonne, auf der bayerischen Terrasse in die Abendsonne, freuen sich an der herrlichen Aussicht und darüber, dass »etwas Gescheites auf den Tisch kommt«.

Oben: Das Purtschellerhaus liegt am Wiesenhang des Eckerfirst zu Füßen des Hohen Göll. Dessen Felsmassiv erhebt sich direkt hinter der Hütte.

Küche mit österreichischem Akzent

Die Speisekarte verzeichnet neben Klassikern einige ausgefallene Gerichte. Beliebt ist etwa der hausgemachte Hütteneintopf mit frischem Gemüse, Kartoffeln, gelbe Rüben, Lauch, Knoblauch »und würzigen Burenwürsten vom Metzger Ablinger aus Oberndorf«, erklärt Regina. Mit etwas Einbrenne angedickt und mit Rahm abgeschmeckt, steht diese schmackhafte Speise mit zwei Scheiben Bauernbrot und einem Stück Kuchen auch oft als »Bergsteigeressen« auf der Karte. Und Vegetariern schmeckt der Hütteneintopf auch ohne Würstl.

Die Grenzlage des Purtschellerhauses beeinflusst auch den »Lumpensalat«: »Das ist die österreichische Variante eines Schweizer Wurstsalats. Er wird mit klein geschnittenem Leberkäse, viel Käse, Essiggurkerl und Zwiebeln im Suppenteller serviert«, erklärt Regina König. Zu ihren butterzarten Rindsrouladen serviert sie die im Winter in Eigenregie produzierten Nudeln. Die Nudeln kommen mit saisonal abgestimmten Soßen auf den Teller. Im Frühjahr etwa mit dem an Bärlauch erinnernden »Allermannsharnisch« oder Alpenknoblauch, der auf den Bergwiesen um die Hütte wächst.

Ein weiterer Hüttenklassiker sind die ebenfalls selbst hergestellten Kaspressknödel, die in der Suppe oder mit Sauerkraut munden. Es stehen aber auch mal Szegediner Gulasch oder Kürbisgulasch auf der Tageskarte. Und im Herbst gibt es Reh oder Gams »vom örtlichen Jager, der sein Revier gleich um die Hütte hat und mir das Fleisch küchenfertig liefert«, freut sich die Hüttenwirtin. Wer Süßes mag, kommt auf dem Purtschellerhaus ebenfalls auf seine Kosten: Kaiserschmarrn und hausgemachten Blechkuchen gibt es immer. Und für Gruppen backt Regina auch Dampfnudeln, Powidl-Bavesen – natürlich mit selbst eingekochtem Powidl/Zwetschgenmus – oder einen Schweinsbraten im Reindl. Das Angebot, für Gruppen auf Bestellung zu kochen, machen Regina und Sepp gerne. Denn auf dem Purtschellerhaus herrscht kein Massenbetrieb, und der persönliche Kontakt zu den Gästen ist wichtig. Das gilt auch für Familienfeiern oder Firmenseminare, die im Saal für 60 Personen Platz finden, oder für Veranstaltungen vom Sonnwendfeuer bis zur Bergmesse, vom Musikantentag bis zum »Kuchler Bauernherbst«, nicht zu vergessen den Salzburgisch-Bayerischen Bergler-Stammtisch an jedem dritten Samstag im Monat.

Oben: Frisch und hausgemacht, vom Hütteneintopf über die Rindsroulade bis zum Eierlikörkuchen: Was Regina König aus ihrer Küche auf den Tisch bringt, schmeckt.

Die Königs stammen aus dem Rupertiwinkel, Regina aus Tittmoning, Sepp aus Laufen. Bevor sie Sepps über Jahre gereiften Jugendtraum vom Hüttenwirtsleben 2007 in die Tat umsetzten, arbeitete der gelernte Elektriker im Stahlwerk Angerhütte, die gelernte Einzelhandelskauffrau als Stationshilfe im Krankenhaus. Inzwischen ist Regina Hüttenwirtin mit Leib und Seele und meint, dass alles »a bissel Kopfsache« sei: »Wenn ich erst mal oben auf der Hütte bin, dann bleibe ich auch die ganze Saison oben, da bringt mich keiner runter, wenn es nicht sein muss!« Die Heimatnähe ihrer Hütte hat den Vorteil, dass viele Freunde und Verwandte regelmäßig heraufkommen – zum Teil sind sie auch in die Versorgungslogistik eingebunden und bringen zum Beispiel frisches Brot oder Kartoffeln mit. Mit Unterstützung von zwei Allroundern als feste Hilfen während der Hochsaison schmeißen Regina und Sepp das große Haus mit bajuwarischer Gelassenheit und achten sehr auf die Qualität ihres Angebots. Regina, die das Kochen von ihrer Mutter gelernt hat, meint dazu: »Wir beide essen gerne, da koche ich auch gerne, und zwar selbst und möglichst frisch. Wir verkaufen nur, wozu wir auch stehen können, was wir selbst gerne mögen. Ich mag einfach nichts rausgeben, was nicht schmeckt!«

Solidargemeinschaft Berchtesgadener Land

Von Grund auf heimatverbunden, beziehen die beiden einen großen Teil ihrer Ausgangsprodukte aus der Region. Sie wollen wissen, wo welches Produkt herkommt und wer als Produzent dahinter steckt. Regina und Sepp arbeiten mit der Solidargemeinschaft Berchtesgadener Land zusammen. Mit dem eigens entwickelten Regionalsiegel für Produkte und Dienst-

leistungen wurden auch einige Gerichte auf dem Purtschellerhaus ausgezeichnet, so der Kaiserschmarrn, die Kuchen, die Nudeln und die Kaspressknödel.

Einige Lieferanten des Purtschellerhauses sind ebenfalls Teil der Solidargemeinschaft. So die Aichermühle in Eizing bei Fridolfing, von der Regina das Mehl bezieht. Bereits 1461 als »Eytzingerische Öl- und Treidmühle« erwähnt, befindet sich die Mühle seit 1589 im Besitz der Familie Aicher. Qualität und regionale Erzeugung der Rohstoffe stehen auch hier im Vordergrund – im Mühlenladen kann man neben Mehl aller Typen auch ein breites Sortiment an Müsli, Nudeln und Körnern kaufen. Die Kelterei Greimel in Laufen gehört ebenfalls zur Gemeinschaft: Das Unternehmen verarbeitet Äpfel, Birnen, Kirschen, Johannisbeeren und Holunder aus Hausgärten und bäuerlichen Streuobstbeständen der Region zu hochwertigen Direktsäften, ohne Konzentrate, Wasserzugabe oder Konservierungsmittel.

Frisches Bier, guter Schnaps

Oben: Wer die kalte Küche schätzt, ist auf dem Purtschellerhaus mit dem »Brotzeitbrettl« gut bedient und freut sich über Wurst, Käse und feinen Speck.

Wer auf gutes Essen Wert legt, wird auch bei den Getränken auf Qualität achten. So kommt das Bier auf dem Purtschellerhaus vom Hofbrauhaus Berchtesgaden. Die Brauerei blickt auf eine über 360-jährige Brautradition zurück und beliefert mit ihren hervorragenden Bieren den Markt Berchtesgaden und sein Umland.

Eine weitere Berchtesgadener Institution ist die Enzianbrennerei Grassl, deren Spirituosen auf der Hütte zu verkosten sind. Die Tradition der Enzianbrennerei geht bis ins 17. Jahrhundert zurück. Fünf Brennhütten in den Berchtesgadener Bergen werden heute noch reihum bewirtschaftet. »Wurzengraber« ernten die bis zu einem Meter langen und bis zu zwei Kilo schweren Wurzeln des violett blühenden Enzians, wobei stets nur der obere Wurzelstock entnommen und die Grasnarbe danach sorgfältig verschlossen wird. So bleibt der Pflanzenbestand erhalten – dieselbe Pflanze wird erst wieder nach sieben bis 15 Jahren geerntet.

Regina und Sepp König produzieren aus Überzeugung selbst – und setzen auch Beerenliköre und einen Nussschnaps an. Regina will die Herstellungsweise nicht wirklich verraten, erzählt aber immerhin, dass in die Liköre Beeren, Obstler, Zimtrinde und Kandiszucker gehören und dass sie mehrere Monate auf dem Fensterbrett reifen müssen, während der Nussschnaps grüne Walnüsse, klaren Schnaps »und verschiedene andere Zutaten …« enthält. Das aus dem Innviertel stammende Rezept bleibt geheim. Ein Grund mehr, wieder aufs Purtschellerhaus zu wandern, um den dunklen, ölig-seidigen Schnaps zu genießen.

Kaspressknödel

Für 10–12 Knödel: 250 g Käse (z. B. Mondseer oder ein ähnlich würziger Käse und Emmentaler zu gleichen Teilen) * 10 alte Semmeln oder entsprechende Menge Knödelbrot * 2 Knoblauchzehen * 2 kleine Zwiebeln * frische Petersilie * ¼ l heißes Wasser oder Milch * 4 Eier * 3–4 EL Hartweizengrieß * 1 EL Gemüsebrühe * Salz * Pfeffer * Butterschmalz oder Öl

1 Die Semmeln würfeln, die Knoblauchzehen schälen, die Zwiebeln klein würfeln, den Käse reiben, die Petersilie fein schneiden. Die Semmelwürfel in eine große Schüssel geben, die Knoblauchzehen dazu pressen und mit dem Wasser/der Milch aufgießen. Die angeschwitzten Zwiebeln dazugeben, ebenso den geriebenen Käse. Die Eier einschlagen, Petersilie und Hartweizengrieß dazugeben, ebenso die Gemüsebrühe.

2 Mit Salz und Pfeffer würzen und alles mit den Händen zu einem geschmeidigen Knödelteig verarbeiten. Sollte der Teig zu fest sein, mit etwas Milch verdünnen. Mit den Händen runde Pflanzerl von etwa zwei Zentimeter Dicke formen.

3 Die Pflanzerl in Butterschmalz oder Öl wie Fleischpflanzerl von beiden Seiten braten. Die Kaspressknödel in Suppe servieren oder mit Sauerkraut. Obenauf dann etwas Butterschmalz und Petersilie geben.

Die Kaspressknödel mit Sauerkraut sind eine geschmackige Mahlzeit – und gar nicht so schwer nachzukochen.

Bavesen mit Powidl

Für 6 Bavesen: 12 Scheiben etwa zwei Tage altes Weißbrot (alternativ 12 Scheiben Toastbrot) * 8–10 EL Powidl (Zwetschgenmus) * 10 Eier, Größe M * 100 ml Milch * ca. 200 g Butterschmalz * Puderzucker * Zimt

1 Die Hälfte der Weißbrotscheiben mit Powidl einstreichen und jeweils eine Weißbrotscheibe auflegen, über Nacht durchziehen lassen.

2 Die Eier mit der Milch verquirlen, die Bavesen in die Eiermilch einlegen und von jeder Seite ca. 2 Minuten ziehen lassen.

3 Das Butterschmalz in einer tiefen Pfanne erhitzen, die Bavesen vorsichtig im schwimmenden Fett von beiden Seiten goldbraun backen. Die gebackenen Bavesen auf ein Küchentuch legen und abtropfen lassen. Mit Puderzucker und Zimt bestäuben und servieren.

Tipp Die köstlichen Bavesen oder Pavesen (österreichisch Pofesen) sind ein Klassiker der ärmlichen bäuerlichen Küche vergangener Tage. Zwetschgen für das selbst eingekochte Powidl gab es in den Bauerngärten genug, altes Brot war auch immer vorhanden und konnte so sinnvoll verwendet werden. Bavesen mit Powidl sind ein schönes Beispiel für alte Rezepte, die mit wenigen Zutaten auskommen, Reste verwerten und doch ein feines Gericht ergeben.

Anton Nigg (*1958) und
Chao Ming Liee (*1964)

Die Hütte »auf den Weiden am Ende des Tals« (lat. lutum) lautet in etwa die Übersetzung von **Lizumer Hütte**. »Raue Schale, weicher Kern!« – so könnte die Beschreibung von Hüttenwirt Anton Nigg klingen. Zu ergänzen ist unbedingt seine Motivation für die tägliche Arbeit: zufriedene Gäste. Welch' ein Wohlklang, trotz der einfachen Worte! Doch was will man auch mehr als Zufriedenheit **auf über 2.000 Metern Höhe?** Bergsteiger wissen, dass Einfachheit, Bescheidenheit und Bodenständigkeit die Schlüssel zu einem schönen Hüttenaufenthalt sind. Genau das bekommen sie auf der tief in den **Tuxer Alpen** gelegenen Bergsteigerunterkunft. Zusätzlich bekommen sie eine hervorragende klassische Tiroler Kost von Knödelvariationen bis Kaiserschmarrn, von Schiwasser bis **Zirbenschnaps**.

Die Lizumer Hütte (2.019 m), OeAV-Sektion Hall in Tirol

Adresse	Anton Nigg und Chao Ming Liee; Wattenberg 105; A-6113 Wattenberg; Tel.: +43 (0)5224/52111; info@lizumerhuette.at; www.lizumerhuette.at
Öffnungszeiten	Ganzjährig, Mitte April bis 1. Juni und November geschlossen
Aufstieg	Lager Walchen – Zirbenweg
Gehzeit/Höhenmeter	2,5 Std., 609 Hm
Anfahrt öffentlich	DB/ÖBB bis Bahnhof Fritzens-Wattens, Lizumer Wanderbus bis Lager Walchen, Hüttentaxi Schwaninger +43 (0)664/3713613
Ausgangspunkt	Parkplatz Lager Walchen (1.410 m)
Karte	Alpenvereinskarte AV 31/5, Innsbruck, 1:50.000
Touren	Geier Höhe (2.857 m, 3 Std.), Torjoch Höhe (2.386 m, 1,5 Std.), Weidener Hütte (1.799 m, 5 Std.), Tuxer-Joch-Haus (2.316 m, 7 Std.), Glungezerhütte (2.610 m, 9 Std.)

Lizumer Zirmweg

»Zirm« ist tirolerisch und bedeutet Zirbe. Die Zirbe gehört zur Familie der Kiefern und ist eine sehr robuste Baumart, die in den Alpen nur oberhalb von 1.500 Metern Höhe beheimatet ist. An vielen alten Zirben vorbei führt auch der gemütlich zu gehende Lizumer Zirmweg von Walchen im Wattental – einem Seitental des Inntals – hinauf zur Lizumer Hütte, dem modernen alpinen Ausbildungsstützpunkt mit über 100-jähriger Historie. Nach dem Parkplatz Walchen geht es erst flach den Wattentalbach entlang, dann in den Wald, den schmucken Zirbenweg taleinwärts, immer in Richtung Süden, wo die Bergspitzen der Lizum durch die Zirbenwipfel hindurchscheinen. Nach einer Stunde geht es an einem Jägerhüttlein vorbei, später an einem braunen Postenhäuschen. Wer achtsam ist, wird während des Hüttenzustiegs immer wieder den süßlichen und harzigen Zirbenduft bemerken. Den seltenen Zirbenschnaps wird man nach erfolgter Zirbenwanderung dann umso mehr als besondere Hüttenköstlichkeit genießen.

Oben: Für die, die Arnika vertragen, ist sie ein stark wirkendes Mittel bei Verletzungen aller Art. Murmeltier-Öl wird seit Jahrhunderten gegen Entzündungen des Bewegungsapparates und Hautentzündungen eingesetzt.

Lizumer Zirmschnaps

Zirbenschnaps wird fast nur in Österreich erzeugt. Die Herstellung ist aufwendig, da die nötigen Zirbenzapfen von Hand gepflückt werden müssen. Nicht überall ist dies erlaubt, zum Beispiel nicht in Naturschutzgebieten. Die kleinen Zapfen werden halbiert oder sorgfältig in kleine Scheiben geschnitten und der Strunk entfernt. Fünf bis sechs Wochen lagern die Stücke in reinem Neutralalkohol, am besten in einem »Klaren« (Kornbrand), um den reinen Zirbengeschmack voll zur Geltung kommen zu lassen. Dabei entsteht eine leicht rotbräunliche Farbe mit Blautönen. Spezialisten stellen die gefüllten Glasballons in die Sonne, da die UV-Strahlung eine schöne Färbung verstärkt. Zucker, Kandis oder Honig mildern den strengen Geschmack etwas ab; gelegentliches Schwenken ist zur gleichmäßigen Vermengung der Flüssigkeit nötig. Mit dem Wissen über die einzigartige Qualität eines Zirbenschnapses wird man sich beim Abstieg von der Lizumer Hütte auf dem Zirmweg gerne an seinen süßen und harzigen Geschmack am Gaumen erinnern.

Antons Hausschnäpse

Neben dem exklusiven Zirbenschnaps offeriert Hüttenwirt Anton Nigg feine Schnäpse aus seiner Heimatregion. In Grins, einem Dorf oberhalb von Landeck auf 1.000 Metern Höhe, steht der Bauernhof, auf dem er groß geworden ist. Grins ist ein exzellentes Anbaugebiet für

Oben: Schnaps wurde und wird aus allerlei Zutaten hergestellt – sogar aus Kartoffeln oder Rüben. Das Markenzeichen »Qualität Tirol« hat strenge Kriterien und steht für hohe Qualität.

Obst, vor allem für Zwetschgen. Deshalb ist Grins wohl das Dorf mit der höchsten Dichte an Schnapsbrennereien, derer es hier an die hundert gibt. Auch die Familie Nigg brennt ihren eigenen Zwetschgenschnaps. Tirol bietet generell günstige Bedingungen für den Obstanbau. In zahlreichen Brennereien finden die süßen Früchte als Tiroler Schnaps ihren Weg in Flaschen. Die Qualität der Edelbrände ist ausgezeichnet. Das ist kein Wunder, denn die Schnapsbrennerei hat in Tirol eine lange Tradition. Bier und Wein mussten eingeführt werden. Schnaps konnten die Bauern selbst herstellen, aus fast allem.

Doch der Schnaps ist nur ein Nebenprodukt in Niggs Streben nach einem möglichst hohen Grad an einheimischer Kost. Zweifelsohne liegt der Schwerpunkt auf traditioneller Tiroler Kost. Knödel in den verschiedensten Variationen, serviert zum Fleischgericht, in der Suppe oder einzeln zu Soßen, sind ein Markenzeichen der Speisenkarte. Der Knödel ist so etwas wie das Aushängeschild der bäuerlichen Küche. Je nach Tradition findet man in den verschiedenen österreichischen Regionen alle Arten davon: Mehlknödel, Brotknödel, Erdäpfelknödel und eben auch den Semmelknödel, als Süßspeise sogar den Marillenknödel.

Traditionell in Tirol ist die Graukassuppe. Graukäse ist ein sehr würziger Sauermilchkäse, der diesem traditionellen Gericht den letzten Pfiff verleiht. Graukas ist fettarm, ein bisschen stinkig, aber wunderbar aromatisch – ein typischer Almkäse mit rassig-würzigem Geschmack. Bis

heute wird er in den Tiroler Almhütten und Bauernhöfen aus magerer Kuhmilch hergestellt, in Handarbeit gekäst und nach zehn Wochen Reifezeit in einem finsteren Erdkeller zur zünftigen Brettljause gereicht, angemacht mit Essig und Zwiebeln. Gerade der graugrünliche Edelschimmel auf der dünnen, rissigen Rinde sorgt für den unvergleichlichen Geschmack. Durch die relativ lange Lagerzeit entfaltet er sein volles Aroma, reduziert seinen Fettgehalt und ist damit eine ideale Diätalternative zu blassen Sojaprodukten aus dem Tetrapak.

Oben: Die Kohlenhydratspeicher lassen sich auf der Lizumer ganz einfach mit feinen Nudelgerichten wieder auffüllen.

Weit gereister Hüttenchef

Die Speisenkarte hat Anton Nigg, als er mit seiner Frau Li aus Taiwan im Juni 2012 die Hütte von der OeAV-Sektion Hall pachtete, selbst zusammengestellt. Anton ist gelernter Elektriker, wanderte nach Australien aus und führte dort ein Restaurant mit über 25 Mitarbeitern. Dies konnte er nach einigen Jahren erfolgreich verkaufen, und er zog ins Fernöstliche weiter, schlug sich dort mit Elektrikerarbeiten durch – installierte unter anderem die komplette Elektrizität in einem Hotel – und ging anschließend nach Argentinien, wo er wiederum mehrere Restaurants mit mehr als 100 Mitarbeitern führte.

Sein heutiges Domizil, die Lizumer Hütte, wurde 1912 von der OeAV-Sektion Hall in Tirol erbaut. 1938 wurde die Hütte im Namen des Deutschen Reichs durch die Wehrmacht mittels

Zwangsverkauf enteignet. 1945 musste die Lizumer Hütte an die französische Besatzungsmacht übergeben werden und 1949 lehnte die Republik Österreich die Rückstellung der enteigneten Hütte unverständlicherweise ab. 1955 übernahm die Republik Österreich per Staatsvertrag die Lizumer Alpenvereinshütte in ihr Eigentum, unter Mitwirkung und Aufsicht des Landes Tirol. Bis heute erfolgte keine Rückstellung an die Ureigentümerin OeAV-Sektion Hall i. T., die nun Mieterin der »eigenen Hütte« ist. Nach Anton Niggs Urteil ist das »kein Ruhmesblatt für die Politiker und die Bundesregierungen seither«. 2006/07 war eine Generalsanierung nötig. Seither bemüht sich die Sektion vorbildhaft um die Weiterentwicklung der Hüttenregion und erhielt dafür auch das Alpenvereins-Hüttengütesiegel. Vier gemütliche und holzvertäfelte Gaststuben, eine große Hüttenterrasse und Liegewiese, eine Boulderwand innen und außen und eine Kletter-Vorstiegswand, ein Hüttenteich, Lawinentrainingscamp mit permanenter Suchstation, Wetterinfo via Satellit, Internet, Radio und TV, Hüttenbücherei, AV-Karten sind nur einige Beispiele für den Erfinder- und Servicegeist der Sektion, die das Wohlergehen der Gäste stets im Blick hat.

Oben: Zur Lizumer Hütte führen viele Wege – auch der bekannte Klassiker Münchnen – Venedig führt hier vorbei.

Drehkreuz vieler Fernwanderwege

Mit ungefähr 7.000 Übernachtungen pro Saison ist die Hütte gut ausgelastet, einzig im Winter während der Woche sieht Anton Nigg noch Steigerungspotenzial. Dass die Hütte so gut besucht ist, liegt neben der hervorragenden Ausstattung und guten Führung auch an den vielen Wanderwegen, die zur Hütte führen. Vor allem Fernwanderwege sorgen für steten Zulauf, allen voran der Megaklassiker »München – Venedig«. Daneben ist besonders der Inntaler Höhenweg (Patscherkofel – Glungezerhütte – Lizumer Hütte – Weidener Hütte – Rastkogel Hütte – Kellerjoch Hütte) bekannt. Weitere Wege sind die Via Alpina, der Adlerweg, die »Glungezer & Geier«-Route, der Zentralalpenweg 02A Hainburg – Feldkirch, der Olympiaweg Garmisch – Innsbruck – Cortina, der Europaweg Innsbruck – Glungezer – Lizum – Brixen, die Tuxer-Durchquerung Wipptal – Navistal – Lizum – Zillertal.

Das Gebiet Lizum ist zu guter Letzt auch noch Truppenübungsplatz des Österreichischen Bundesheeres. Die Lizumer Hütte ist durch das Wattental auf der Fahrstraße dennoch immer erreichbar, auch wenn es da oder dort manchmal Sperren gibt. Fallweise muss man am Navisjoch eine Schießpause abwarten und wird dann von den Soldaten durchgeschleust oder kann weitergehen. Aber auch von der Glungezerhütte gelangt man immer zur Lizumer Hütte, und von dort kommt der Wanderer auch immer weiter zum Geier, Grafensjoch oder zur Glungezerhütte.

Tiroler Graukas-Suppe

200 g Tiroler Graukas (alternativ Bergkäse) * 2 Kartoffeln * 1 Zwiebel * Butter * 1 l Rindssuppe * 250 ml Rahm * Salz * Pfeffer * Muskatnuss * 2 Scheiben Holzofenbrot, in Würfel geschnitten

1 Die Kartoffeln und die Zwiebel in Würfel schneiden und in einem großen Topf mit Butter andünsten. Anschließend die Rindssuppe aufgießen. Graukas in Würfel schneiden und beigeben. Alles zusammen kochen, bis die Kartoffeln weich sind.

2 Den Rahm beigeben und noch im heißen Zustand mit einem Stabmixer verrühren. Noch einmal kurz aufkochen und mit Salz, Pfeffer und Muskatnuss würzen.

3 Beim Servieren die Suppe mit gerösteten Brotwürfeln und Schnittlauchröllchen dekorieren.

»A hoaße Supp'n isch alleweil eppas guat's«, meint Hüttenwirt Anton – zu Recht.

Spinatnocken

150 g blanchierter Blattspinat * 1 mittlere Zwiebel * 1 – 2 Zehen Knoblauch * frische Petersilie * 2 EL Butter * 4 Semmeln * 120 ml heiße Milch (je nach Trockenheit des Brotes mehr oder weniger) * 1 Ei * 2 EL Mehl * Salz * Pfeffer * Muskatnuss * Käsewürfel * Parmesan

1 Zwiebel fein schneiden, Knoblauch und Petersilie hacken. Semmeln in kleine Würfel schneiden. 1 EL Butter aufschäumen, Zwiebeln und Knoblauch anschwitzen und mit der Petersilie den Semmelwürfeln beimengen.

Knödeltris ist ein beliebtes Bergsteiger- und Hüttenessen.

2 Milch darüber schütten, Ei zugeben, würzen und gut durchmischen. Die Semmel-Ei-Masse sollte noch saftig wirken. 10 Minuten einziehen lassen.

3 Die restliche Butter in einer Pfanne braun werden lassen. Den gut ausgedrückten Blattspinat einige Male durchschneiden und durchmixen. Zur Butter geben und unter die Semmelmasse mischen. Mehl dazugeben und alles zugedeckt 30 Minuten durchziehen lassen. Mit Salz, Pfeffer und Muskatnuss abschmecken. Aus dieser Masse Nocken formen, in die zuletzt ein Käsewürfel gedrückt wird. Dann in leicht wallendes Salzwasser einlegen und etwa 15 bis 20 Minuten lang köcheln lassen.

4 Mit frischem Parmesan bestreut und mit heißer, nussbrauner Butter übergossen servieren.

Käseknödel oder Graukäsnocken

150 g würzigen Schnittkäse oder Tiroler Graukäse * 1 mittlere Zwiebel * 1–2 Zehen Knoblauch, gehackt * frische Petersilie * 4 Semmeln * 2 EL Butter * 130 ml heiße Milch (je nach Trockenheit des Brotes mehr oder weniger) * 2 Eier * Muskatnuss * Salz * Pfeffer * 2 EL Mehl * Parmesan

1 Zwiebel fein schneiden, Knoblauch und Petersilie hacken. Semmeln in kleine Würfel schneiden. 1 EL Butter aufschäumen, Zwiebeln und Knoblauch anschwitzen und mit der Petersilie den Semmelwürfeln beimengen.

2 Milch darüber schütten, Eier und kleinwürfelig geschnittenen Käse dazugeben. Mit Muskatnuss, Salz und Pfeffer würzen und gut durchmischen. Zugedeckt mind. 30 Minuten durchziehen lassen. Mit mehlbestäubten Händen Knödel formen und in leicht wallendem Salzwasser 15–20 Minuten gar köcheln lassen.

3 Im Pfandl mit nussbrauner Butter rasch abrösten und mit frischem Parmesan bestreut servieren.

Tiroler Specknödel

1 Zutaten und Zubereitung wie bei den Käseknödeln, aber statt des Käses werden 150 g kleinstwürfelig geschnittener Bauchspeck oder $\frac{2}{3}$ Speck und $\frac{1}{3}$ geräucherte Hartwurst verwendet.

2 Mit etwas Butter beträufelt und mit Kraut- oder Kartoffelsalat servieren.

Andreas (*1974) und
Tamara Pobitzer (*1974)

Bekannt ist die gut besuchte Sesvennahütte in Südtirol unter Bergsteigern wegen der großartigen Skitour auf den Piz Sesvenna, und auch die nicht besonders schwere Sommertour über das sanfte Gletscherbecken auf Schweizer Seite bietet ein faszinierendes Bergerlebnis. Bekannt ist die Hütte aber auch wegen ihrer exzellenten alpinen Lebensart, für die Andreas und Tamara Pobitzer verantwortlich sind – unterstützt werden sie dabei tatkräftig von ihren Familien. Ob beim Schnapsbrennen oder Marmeladekochen, jeder packt mit an. Ob jung oder alt, Single oder Familie, alle freuen sich über die herzliche Gastfreundlichkeit und die Südtiroler Speisenvielfalt.

Die Sesvennahütte (2.256 m), AVS Mals

Adresse	Andreas Pobitzer; Schleis 62; I-39024 Mals; Tel.: +39 0473 830234; info@sesvenna.it; www.sesvenna.it
Öffnungszeiten	Ganzjährig, November bis Mitte Februar und Mitte Mai bis Mitte Juni geschlossen
Aufstieg	Von Schlinig (1.726 m) – zur äußeren und inneren Schliniger Alm – rechts des Wasserfalls am Hang mäßig steil hinauf zu ebenen Almböden und zur Sesvennahütte
Gehzeit/Höhenmeter	2 Std., 520 Hm
Ausgangspunkt	Schlinig (Parkplatz)
Anreise öffentlich	Bahn von Meran bis Mals, bis Burgeis mit City-Bus Mals. Wandertaxi im Sommer 2 × täglich ab Burgeis von Montag bis Samstag
Karte	Freytag & Berndt WKS 2
Touren	Lischanahütte (2.500 m, 4 Std.), Piz Sesvenna (3.205 m, 4 Std.), Föllakopf (2.878 m, 2,5 Std.)

Stolze Hütte und stolze Tiroler

Die Sesvennahütte wurde 1980 erbaut und hat sich seitdem zu einem bedeutenden Südtiroler Ausflugsziel für Bergsteiger, Wanderer, Skitourengeher und Liebhaber alpiner Lebensart gemausert. Sie zählt zu den meist besuchten Schutzhütten in Südtirol und ist stolzer Dreh- und Angelpunkt der Sesvennagruppe westlich von Meran. Stolze Tiroler sind auch die jungen Wirtsleute Andreas und Tamara Pobitzer, die 2002 den Betrieb der Hütte übernommen haben. Ihre Verbundenheit mit ihrer Heimat und ihrer Kultur und die mit der Familie Pobitzer verknüpfte Hüttengeschichte ist gewissermaßen auch ein Garant dafür, dass die Hütte nicht nur betrieben, sondern buchstäblich auch »gelebt« wird. Schon mit neun Jahren half Andreas seinem Onkel Harald in den Sommerferien tatkräftig auf der Hütte und sog so Hüttenkultur als normalen Bestandteil seines noch jungen Lebens auf. Nach dem Unfalltod des Onkels wurde die Hütte anderweitig geführt, und abermals ein tragischer Unfall führte dazu, dass neue Pächter gesucht wurden. Die Wahl fiel auf Andreas und seine Frau und das vorgelegte Konzept zur Hüttenführung. Die ganze Familie um die beiden ist in die Hüttenbewirtschaftung integriert. Anders wäre es auch nicht machbar und nur halb so schön. Stolze Tiroler eben!

Oben: Der Weg zur und durch die Uina-Schlucht ist ein landschaftlicher Höhepunkt, den man sich nicht entgehen lassen sollte.

Hüttengerichte à la Vinschgau

Der Vinschgau ist das »kulinarische Aushängeschild« Südtirols. Vielseitig wie die Landschaft zwischen Meran und dem Reschenpass, zwischen Sesvenna und Ortler zeigen sich auch die Früchte, die Küche und der »Weinkeller« des Vinschgaus. Natürlich kann man auch auf der Hütte fast das ganze Jahr über Spezialitäten genießen: Knödel in verschiedenen Variationen, Brennnesselnocken, Schüttelbrot und Speck, Paarlen und Vinschgerl, »Apfelkiachl«. Auch alte Vinschger Kost lassen sich alpine Feinschmecker am Vinschger Hüttenabend im September auf der Zunge zergehen. Kreativ sind auch die Nudelgerichte von Tamara, beispielsweise die »Sesvenna-Nudeln«. Angebratene frische Champignons und Speck mit Ei verrührt und mit Sahne abgeschmeckt werden von Tamara liebevoll an die Makkaroni aus Hartweizengrieß angelegt. Feiner Parmesan – würzig, aber nicht bitter – verleiht dem Nudelgericht die passende Rahmennote. Für Bergsteiger ist das zum Aufladen der Energiespeicher mehr als recht. Beim nächsten Besuch nehmen sie vielleicht die »Völlaner Nudeln«, die leckere Nudelpfanne mit Tomatensud, Knoblauch und Schmelzkäse.

Oben: Von der Hütte locken stolze Gipfel – allen voran der Piz Sesvenna mit seinen stolzen 3.205 Metern Höhe.

Alle packen an

Damit der Schritt in die großen Fußstapfen der vorangegangenen Hüttenwirte gelingt, helfen alle mit. Vater Luis hat sogar den Sparkassenjob an den Nagel gehängt, packt an, wo es geht, und entwickelt eifrig Hüttenschnäpse und Liköre aus Latschen, Schafgarbe, Himmelschlüssel und Basilikum. Die Schnapsl von Luis sind bei den einheimischen Stammgästen verständlicherweise sehr beliebt, haben sie es ja nicht weit nach Hause. Die Marmeladen zum Frühstück sind selbst gemacht von der Schwiegermutter, ebenso wie der Sirup für die Schorlen aus Holunder, Himbeere und Johannisbeere von Andreas Mutter und Tante. Der Apfelsaft kommt aus dem Nachbardorf, Brot, Fleisch- und Wurstwaren alle aus Schlinig vom Bäcker und Metzger – die kennt man halt. Der Vinschgau bringt auch ausgezeichnete Weine hervor. Die Versorgung der Hütte erfolgt mit einer Hüttenseilbahn. Nicht auszudenken, wenn man alles tragen müsste – so wie es die Schmuggler früher gemacht haben.

Schmugglerrennen und mehr

Die Sesvennagruppe war früher ein Schmugglergebiet zwischen Engadin und Vinschgau. Zur Erinnerung an alte Zeiten hat Andreas ein nostalgisches Schmugglerrennen organisiert. Reis, Kaffee, Zucker und Nudeln müssen die Starter so lange aufladen, bis die Männer ein Gesamt-

gewicht von 90 Kilogramm und die Damen von 70 Kilogramm erreicht haben. Dann heißt es, Körper und Last zur Hütte zu bringen. Der Abschluss ist ein festliches Mahl mit Musik und Tanz.

Musiziert und gesungen wird auch an drei bis vier Sonntagen im Jahr anlässlich klassischer und neuer Südtiroler Tanzlmusi auf der Hütte. Wer mehr davon erleben will, kann auch beim Nachtmarsch durch die Uinaschlucht bei Vollmond im August mitwandern. Mit Musik, Fackeln und Sagenerzählungen wird die Wanderschar während des Steigens unterhalten, bevor am Ende ein Lagerfeuer und Festmahl bei der Hütte die Nacht zum Tag werden lässt.

Es gibt also viel zu entdecken auf der und um die Sesvennahütte. Ein Wochenende bringt allenfalls erste Eindrücke einer tollen Berglandschaft und hervorragend geführten Hütte. Familien haben die Hütte schon längst für sich entdeckt. Schließlich trägt sie auch das Alpenvereinsgütesiegel »Familienfreundliche Hütte« und ist Standpunkt von Wochenangeboten für Familien im Rahmen der Initiative Bergferien. Andreas und Tamara wissen da bestens Bescheid, denn sie haben selbst drei Kinder. Damit Kraft und Motivation nicht ausgehen, ist Andreas selbst noch oft in den Bergen unterwegs, vor allem im Winter. Und Tamara verbringt auch noch viel Zeit im Tal. Nur dem Zusammenhalt der Generationen ist es zu verdanken, dass dieses Konzept zum Wohle aller und auch zur Freude der Hüttengäste aufgeht.

Oben: Mit der alpinen Lebensart in Südtirol sind Brotzeiten mit Käse und Wurst und Pfannengerichte untrennbar verbunden.

Kartoffelnocken mit Kräuterpesto

Für 2 Personen: 400 g mehligkochende Kartoffeln * 2 Eigelb * 1 EL Butter * 120 g Mehl * Salz * Pfeffer aus der Mühle * 1 Prise Muskatnuss * 120 ml Olivenöl * 40 g Brennnesselblätter * 20 g Brunnenkresseblätter * 1 EL Pinienkerne * 20 g Basilikum * 1 halbe Knoblauchzehe * 40 g Parmesan * 2 Tomaten

1 Für die Kartoffelnocken die Kartoffeln schälen und in Salzwasser ca. 30 Minuten kochen. Die Kartoffeln durch die Kartoffelpresse drücken. Die Butter zerlassen. Kartoffeln, Eigelbe und Butter verkneten und abkühlen lassen. Mehl, Salz, Pfeffer und Muskatnuss unter die Masse mischen, aus dem Teig ca. 1 cm dicke Stränge formen und in 2 cm lange Stücke schneiden. In einem großen Topf Salzwasser aufkochen lassen und die Stücke portionsweise darin einmal aufwallen lassen, bis sie oben schwimmen. Mit einem Schaumlöffel herausheben und warmstellen.

2 Für das Pesto Olivenöl, Brennnesselblätter, Brunnenkresseblätter, Pinienkerne, Basilikum und Knoblauch fein pürieren. Den Parmesan reiben und mit den Kräutern vermischen. Vorsichtig mit Salz und Pfeffer abschmecken.

3 Anschließend die Kartoffelnocken mit dem Bergkräuterpesto in der Pfanne schwenken. Die Tomaten in Stücke schneiden, dazugeben und servieren.

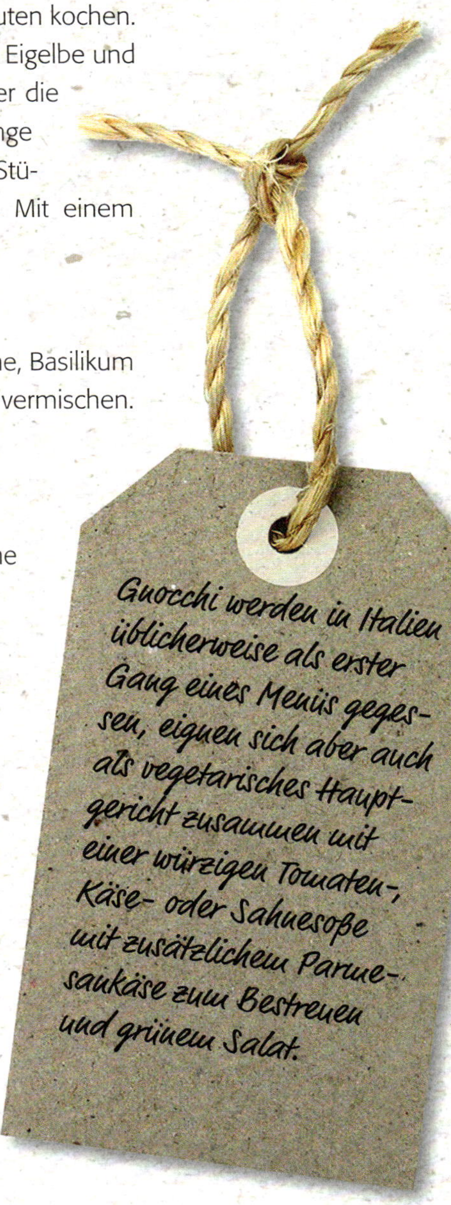

Rezeptverzeichnis

Alle Rezepte sind für 4 Personen, außer es ist im Rezept anders angegeben.

Über die Autoren

Georg Hohenester ist beim Deutschen Alpenverein als Chefredakteur des Verbands- und Mitgliedermagazins DAV Panorama tätig. Der studierte Germanist und passionierte Bergsportler wandert auch gerne auf Hütten und schätzt deren authentische regionale Küche.

Stefan Winter ist Sportphilologe und Germanist. Er ist staatl. geprüfter Berg- und Skiführer und leitet das Ressort Breitenbergsport beim Deutschen Alpenverein (DAV). Er ist erfahrener Bergsteiger und Kletterer und Kenner vieler Hütten im Alpenraum mit ihren Besonderheiten.

Impressum

Bibliografische Information der Deutschen Nationalbibliothek

Die Deutsche Nationalbibliothek verzeichnet diese Publikation in der Deutschen Nationalbibliografie; detaillierte bibliografische Daten sind im Internet über http://dnb.d-nb.de abrufbar.

BLV Buchverlag GmbH & Co. KG
80797 München

Bildnachweis:
Alle Fotos: Peter Raider

Umschlagkonzeption: Kochan & Partner, München
Umschlagfotos:
Vorderseite: Günther Standl Fotografie
Rückseite: Peter Raider

Lektorat: Sarah Weiß, Katharina May
Herstellung: Angelika Tröger
Layoutkonzept Innenteil: griesbeckdesign, Dorothee Griesbeck, München
DTP: Satz+Layout Fruth GmbH, München

Gedruckt auf chlorfrei gebleichtem Papier

Printed in Germany

ISBN: 978-3-8354-1061-9

Hinweis
Das vorliegende Buch wurde sorgfältig erarbeitet. Dennoch erfolgen alle Angaben ohne Gewähr. Weder Autoren noch Verlag können für eventuelle Nachteile oder Schäden, die aus den im Buch vorgestellten Informationen resultieren, eine Haftung übernehmen.